汉德对照

汉语熟语学习手册
Chinesische Redewendungen leicht gemacht

胡 鸿 编著
刘 昕 译
德文翻译：Katrin Buchta

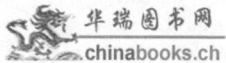

© 湖鸿, 2002
本作品原由北京大学出版社出版。
德文翻译版经北京大学出版社授权于全球市场独家出版发行。
保留一切权力。未经书面许可, 任何人不得复制, 发行。

Copyright © Hu Hong, 2002
The Chinese edition is originally published by Peking University Press. This translation is published by arrangement with Peking University Press, Beijing, China. All rights reserved. No reproduction and distribution without permission.

Der Titel der Originalausgabe lautet:
Hanyu shuyu xuexi shouce 汉语熟语学习手册 / Chinese Idioms and Colloquialisms without Tears
Erschienen bei Peking University Press, Beijing, VR China.
Copyright der Originalausgabe © Hu Hong, 2002

Autor: Hu Hong 湖鸿
Aus dem Chinesischen übersetzt von Buchta, Katrin

Copyright © der deutschsprachigen Ausgabe
Chinabooks E. Wolf und E. Wu, Bühlstrasse 45B, CH-8055 Zürich, Schweiz
Neue Adresse ab September 2011:
Haldenstrasse 43, CH-8045 Zürich, Schweiz
1. Auflage 2010

Tel.: 0041 (0)43 540 40 77
Email: bestellen@chinabooks.ch
Website: www.chinabooks.ch

Alle Rechte vorbehalten. Kein Teil des Werkes darf in irgendeiner Form (durch Fotografie, Mikrofilm oder andere Verfahren) ohne schriftliche Genehmigung des Verlages reproduziert oder unter Verwendung elektronischer Systeme verarbeitet, vervielfältigt oder verbreitet werden.

Printed in China

ISBN: 978-3-905816-35-8

Verkauf ausserhalb Chinas in den deutschsprachigen Ländern Deutschland, Österreich und Schweiz.
此书由华瑞图书网在德国, 瑞士, 奥地利三国发行

编者的话

　　你也许正遇到这样的困惑：你已经学了很长时间的中文了，汉字也"认"了不少，在课堂上你是老师连连夸奖的"好学生"，可是，一到真正的中国人堆儿里，一拿起中国朋友推荐给你的中文畅销小说，你就会感到坠入了云里雾中。"我们俩没说的"是什么意思？"你这就见外了"是什么意思？每个字你都懂，可是放到一起就什么也不明白。你翻词典，词典里没有；你问老师，你会惊奇的发现，就这么短小的一句话，老师会跟你讲好几分钟。

　　得了！为你提供这么一本书吧，它的名字叫《汉语熟语学习手册》。它的目的就是帮助你如何理解像这样一些每个词都认识可是从字面上却看不懂，词典上也可能找不到的词语或句子句式。它们常挂在中国人的嘴边，甚至连一个三岁小孩儿也耳熟能详；它们那么有趣，真正体现了中国人的幽默。它会产生这样的一种效果：如果这些话从一个"老外"嘴里说出来，中国人会马上对你肃然起敬：因为你说的是他们自己的语言，你具备和他们一样的幽默感。

　　这些句子或句式算是什么呢？用语言学的概念来说，它们叫什么名字呢？是成语？是俗语？口头禅？像是，又像不是。我们干脆给它们一个笼统又模糊的名字——熟语吧。本书的熟语分两部分：一部分是话头话尾，另一部分是惯用语。

　　值得指出的是,这只是同类话语(词语)中的一部分,不过是编者精心选择的一部分。它们入选的理由是:常用,浅近,口语化。

　　编者当然知道,这本匆匆编成的小书中,肯定会有不少缺陷,不过,希望读者能跟我一起丰富它,完善它,话说回来,也希望你喜欢这本小册子。

胡　鸿
2002 年 1 月

Worte des Herausgebers

Vielleicht kennen Sie das Dilemma: Sie lernen schon eine ganze Weile Chinesisch, "kennen" viele Schriftzeichen und werden vom Lehrer im Unterricht gelobt, aber wenn Sie unter Chinesen sind oder einen Bestseller lesen wollen, den Ihnen chinesische Freunde empfohlen haben, fühlen Sie sich völlig verloren. "Wir beide haben uns nichts zu sagen." Was bedeutet das? Und was heißt "Du siehst nur das Äußere"? Sie verstehen jedes einzelne Zeichen, aber nicht den Zusammenhang. Ein Wörterbuch hilft meist nicht weiter. Wenn Sie Ihren Lehrer fragen, werden Sie erstaunt feststellen, dass er ihnen eine so kurze Wortgruppe in langen Sätzen erklärt.

Lassen Sie es gut sein! Wir haben für Sie dieses Büchlein *Chinesische Redewendungen leicht gemacht*. Es soll Ihnen helfen, Redewendungen und Sätze zu verstehen, deren einzelne Zeichen Sie alle kennen und die Sie zusammen in keinem Wörterbuch finden. Die Redewendungen in diesem Buch kommen sehr häufig vor, selbst kleinen Kindern gehen sie leicht von den Lippen. Sie sind sehr amüsant und sind durch und durch Ausdruck des chinesischen Humors. Wenn ein Ausländer diese Redewendungen benutzt, ist ihm sofort der Respekt der Chinesen gewiss, denn er spricht ihre Sprache, mit ihrem ganz eigenen Humor.

Was sind das nun für Redewendungen? Wie bezeichnet man sie aus linguistischer Sicht? Sind es *chengyu* (idiomatische Redewendungen) oder *suyu* (Redensarten)? *koutouchan* (Lieblingssprüche)? Ja und nein. Wie geben ihnen einfach einen unkonkreten, vagen Namen – *shuyu* (Idiome). In diesem Buch gibt es zwei Arten shuyu, im ersten Teil idiomatische Wendungen, im zweiten Teil Redensarten.

Wir möchten darauf hinweisen, dass in diesem Buch nur eine Auswahl von Redensarten enthalten ist. Sie wurden ausgewählt, weil sie häufig vorkommen, leicht zu verstehen und sehr umgangssprachlich sind.

Wir wissen, dass es sicherlich einige Fehler in diesem Buch geben wird. Wir hoffen, dass Sie als Leser uns bei der Vervollkommnung helfen und *hua shuo hui lai* (natürlich), dass Ihnen dieses Büchlein gefallen wird.

Hu Hong
Januar 2002

目 录

话头与话尾

A ……………………………………………………………（3）

☆按说…

B ……………………………………………………………（3）

☆拜托了/麻烦你了☆比较…☆别逗我了/别开玩笑/你真会开玩笑☆别白费劲了☆别看…☆别客气/客气什么☆别提了☆别做梦了/你在做梦吧☆别往心里去☆不把…放在眼里☆不好意思☆不合算/划不来☆不见得吧/不一定吧☆…不就完了吗/…不就得了吗☆不是故意的☆不像话/你这话是怎么说的/你这是什么话☆不要脸

C ……………………………………………………………（19）

☆吃饭了吗☆丑话说在前头☆出了问题谁负责

D ……………………………………………………………（21）

☆打扰了☆到底还是…/就是不一样☆丢了面子☆都什么时候了☆都这份儿上了☆多大了

F ……………………………………………………………（26）

☆放心吧/不要紧/不着急

G ··· (27)

☆该死/真该死 ☆干杯/为…干杯 ☆管闲事 ☆恭喜乔迁/恭贺乔迁之喜 ☆恭喜发财 ☆过奖过奖/哪里哪里

H ··· (33)

☆还是老一套 ☆毫无疑问/不用说(问)/那还用说(问) ☆好啊 ☆何必呢 ☆胡说/胡说八道/放屁 ☆换句话说 ☆还人情

J ··· (39)

☆加油/加油加油/加把劲啊 ☆见鬼/真见鬼/见鬼去吧/活见鬼了 ☆结婚了吗 ☆就你懂(明白/能干/能/好/有钱…) ☆久仰久仰/久仰大名 ☆就这么定了

K ··· (45)

☆开个玩笑,别当真/说着玩儿,你别认真 ☆看你都说到哪儿去了 ☆看在…的面子上 ☆看情况 ☆可不是吗 ☆可不是闹着玩儿的 ☆…可倒好,…

L ··· (52)

☆了不得/不简单/了不起 ☆露一手/让…一饱眼福

M ··· (54)

☆马马虎虎 ☆慢慢儿来(慢慢来) ☆没办法/没法儿弄/没招儿/没辙 ☆没法子(办法),只好… ☆没关系,下次再来 ☆没门儿 ☆没说的 ☆没戏 ☆没(有)什么大不了/有什么了不起 ☆没有那么简单吧 ☆没长眼睛(耳朵,脑子,手,腿)呀 ☆免了吧

Chinesische Redewendungen leicht gemacht

N ··· (64)

☆哪儿的话 ☆哪儿去 ☆哪儿呀/哪儿跟哪儿呀/这是哪儿跟哪儿呀 ☆那还用说 ☆难得难得 ☆你别见怪 ☆你看,… ☆你是明白人(聪明人) ☆你这就见外了 ☆你真是/你也真是,…

P ··· (72)

☆漂亮/太棒了/太好了/好极了

Q ··· (73)

☆气色不错啊 ☆岂有此理 ☆瞧你 ☆请别见笑/献丑了 ☆请不要误会/你别多心 ☆去/去你的

R ··· (79)

☆认倒霉吧/认命吧

S ··· (80)

☆什么风儿把你吹来的 ☆什么时候吃你的喜糖/什么时候喝你的喜酒 ☆什么玩意儿 ☆什么意思 ☆事情过去了就过去了 ☆手头紧 ☆恕不奉陪 ☆谁知 ☆说不过去 ☆说来话长(说起来话长) ☆说实话/说心里话/说老实话/老实说 ☆说是这么说,可是… ☆死心 ☆算了算了… ☆请随意/请随便/请你像在家里一样

T ··· (93)

☆太过分了 ☆太破费了 ☆讨厌/可恶/可气 ☆托您的福

W ··· (96)

☆万一… ☆我的天/我的妈呀/我的老天爷 ☆我哪儿敢啊 ☆无可奉告

☆无所谓

X ·· (100)

☆瞎忙/瞎混 ☆想开点儿/别老放在心上 ☆小意思 ☆辛辛苦苦

Y ·· (103)

☆一点儿小意思 ☆…又不是外人 ☆有没有搞错啊 ☆原来是这样/我说呢 ☆有病(有毛病) ☆有完没完

Z ·· (109)

☆砸了 ☆再…就不客气了 ☆再说吧/以后再说吧 ☆糟糕/坏了/糟了 ☆怎么搞的 ☆怎么说呢 ☆招待不周 ☆这儿没有外人 ☆这么说 ☆这么说(说话)你可得负责任啊 ☆真不巧 ☆真恶心 ☆真是的 ☆真是老外 ☆至于吗 ☆祝你一路顺风 ☆总而言之/总之

惯用语

A ·· (123)

☆矮半截

B ·· (125)

☆白费蜡 ☆摆架子/摆谱儿 ☆板上钉钉 ☆半边天 ☆半路出家 ☆半瓶子醋 ☆帮倒忙 ☆爆冷门儿 ☆背包袱 ☆背黑锅 ☆不是省油的灯

C ·· (132)

☆擦屁股 ☆插一杠子 ☆唱白脸 ☆唱对台戏 ☆唱反调 ☆唱高调 ☆唱红脸 ☆唱空城计 ☆唱主角儿 ☆撑门面 ☆成气候 ☆吃闭门羹 ☆吃醋 ☆吃干饭 ☆吃回头草 ☆吃老本 ☆翅膀(长)硬了 ☆出难题 ☆出气筒 ☆穿小

Chinesische Redewendungen leicht gemacht

鞋☆穿一条裤子/一个鼻孔出气☆戳脊梁骨

D ·· (145)

☆打抱不平☆打官腔☆打交道☆打埋伏☆打屁股☆打旗号☆打入冷宫☆打算盘☆打天下☆打退堂鼓☆打硬仗☆打游击☆打圆场☆打折扣☆戴高帽☆挡箭牌☆导火线☆倒胃口☆倒栽葱☆地头蛇☆顶梁柱☆兜圈子☆对着干☆定心丸

E ·· (159)

☆耳边风☆耳根子软(耳朵软)

F ·· (160)

☆放空炮☆放风儿

G ·· (160)

☆干瞪眼☆高姿态☆给…点儿颜色看看☆关系☆光棍儿

H ·· (162)

☆喝西北风☆红眼病☆后悔药☆后台(后台老板)☆厚脸皮(脸皮厚)☆狐狸☆花架子☆回头客☆和稀泥(抹稀泥)

J ·· (167)

☆鸡毛蒜皮(的小事)☆揭老底(揭…的老底)☆紧箍咒☆君子协定

K ·· (169)

☆开绿灯☆开门红☆开小差☆侃大山☆靠边站☆空头支票

L ·· (171)

☆拉下水☆烂摊子☆老大难☆老掉牙☆老皇历☆老油条☆冷门儿

☆撂挑子☆临时抱佛脚☆露马脚

M ………………………………………………………… (176)

☆马后炮☆马拉松☆卖狗皮膏药☆卖关子☆毛毛雨☆蒙在鼓里☆磨洋工

N ………………………………………………………… (179)

☆拿手戏

P ………………………………………………………… (179)

☆拍板(儿)☆拍马屁☆泡汤☆炮筒子☆碰钉子☆碰一鼻子灰☆泼冷水

Q ………………………………………………………… (182)

☆气管炎(妻管严)☆敲竹杠☆清一色☆求爷爷告奶奶

R ………………………………………………………… (184)

☆热门儿

S ………………………………………………………… (184)

☆杀(煞)风景☆伤脑筋☆事后诸葛亮(事后诸葛)☆竖大拇指☆耍花招(耍滑头)☆耍嘴皮子☆说风凉话☆算老几☆随大流☆死心眼儿

T ………………………………………………………… (188)

☆台柱子☆踢皮球☆替罪羊☆铁饭碗☆铁公鸡☆捅娄子☆土包子☆拖后腿

W ………………………………………………………… (191)

☆挖墙脚☆乌纱帽☆无底洞

Chinesische Redewendungen leicht gemacht

X ·· (193)

☆下台阶☆下海☆香饽饽☆小报告☆小道消息☆小动作☆小气☆小圈子☆小心眼儿☆笑面虎☆小灶☆心中的石头落了地

Y ·· (198)

☆眼中钉☆摇钱树☆一把手(第一把手)☆一锤子买卖☆一言堂☆应声虫

Z ·· (200)

☆找茬儿☆装蒜☆捉迷藏☆走过场☆走弯路☆钻空子☆钻牛角尖儿☆坐冷板凳

Teil 1

话头与话尾
Idiomatische Wendungen

Chinesische Redewendungen leicht gemacht

【按说…】　　ànshuō…

eigentlich，im Grunde genommen，normalerweise

事情有些奇怪，根据一般情况或逻辑是什么样儿的，实际上却相反。Wird verwendet, wenn eine Situation etwas eigenartig oder genau das Gegenteil der normalen Umstände ist und der Logik widerspricht.

例1：老吴每个月有五百多元钱的养老金，加上他的儿子每个月还给他两百元钱，按说他不应该缺钱花，可是他为什么还到处向别人借钱呢？

Bsp. 1：Lao Wu erhält jeden Monat über 500 Yuan Rente, dazu kommen noch 200 Yuan monatlich von seinem Sohn. Eigentlich sollte er genug Geld haben, aber warum borgt er sich dann überall noch Geld?

例2：从这儿去商场只有两站路，按说他去买东西应该回来了，怎么还没到家呢？

Bsp. 2：Die Markthalle ist nur zwei Stationen entfernt, eigentlich sollte er schon zurück sein. Warum ist er noch nicht wieder da?

【拜托了／麻烦你了】　　bàituō le／máfan nǐ le

Vielen Dank für die große Hilfe.

让别人帮忙,就是在求人,当然是在麻烦别人了。
Wenn man jemanden um Hilfe oder einen Gefallen bittet, dann behelligt man natürlich diese Person.

例 1：A：你去哪儿？
Bsp.：A：Wohin gehst du?

B：送儿子上学。
B：Ich bringe meinen Sohn zur Schule.

A：在哪儿上学？
A：Auf welche Schule geht er?

B：雷峰小学。
B：Auf die Lei Feng-Grundschule.

A：啊,真是太巧了,我现在在雷峰上班,你知道吗？
A：Na das ist ja ein Zufall. Ich arbeite jetzt dort, weißt du das nicht?

B：真的？
B：Wirklich?

A：以后你儿子可以跟我一起去上学,你不必送了。
A：Ab jetzt kann dein Sohn mit mir zur Schule gehen, du brauchst ihn nicht mehr hinzubringen.

B：那太好了,只是太麻烦你了。
B：Das wäre toll, aber das kann ich doch nicht von dir verlangen.

A：你客气什么？
A：Das ist überhaupt kein Problem.

B：那好,就这样,拜托你了。
B：Na gut, dann vielen Dank für deine große Hilfe.

Chinesische Redewendungen leicht gemacht

【比较…】 bǐjiào…
ziemlich，relativ，vergleichsweise
例：A：老张,大家对这个项目的意见不一致,你可以谈谈你的看法吗?
Bsp.：Lao Zhang, da alle unterschiedliche Meinungen zu diesem Projekt haben, sag uns bitte, wie deine Sicht ist.
B：大家的意见都比较有道理。
Für alle Meinungen spricht etwas.
A：那你更倾向于哪一种态度呢?
Und zu welcher tendierst du?
B：我看还是开个会再讨论一下吧,集中一下大家的意见比较好。
Ich denke, wir sollten eine Sitzung einberufen und noch einmal diskutieren. Es wäre recht gut, alle Meinungen einmal zusammenzufassen.

【别逗我了／别开玩笑／你真会开玩笑】 bié dòu wǒ le/bié kāi wánxiào/nǐ zhēn huì kāi wánxiào
Mach keinen Quatsch！／Du machst Witze！／Echt jetzt？／Kein Witz！

当你听到一个让你吃惊的消息,你不相信或者不愿意相信的时候,你会说:"别开玩笑"或"别逗了"。
Wenn man über eine Nachricht entsetzt ist, etwas nicht glaubt oder nicht glauben möchte, dann kann man sagen "Mach keinen Quatsch！" oder "Du machst Witze！".

例 1：A：林子,你妈妈刚才来电话,她来上海了。
Bsp. 1：A：Linzi, deine Mutter hat gerade angerufen. Sie ist hier in Shanghai.
B：别开玩笑了。

5

　　B：Du machst Witze!

　　A：真的,她是出差来上海的,住在东方饭店。

　　A：Nein, es stimmt. Sie ist geschäftlich in Shanghai und wohnt im Orient Hotel.

例2：A：小张,公司决定送你去香港进修一个星期。

Bsp. 2：A：Xiao Zhang, die Firma hat beschlossen dich eine Woche zur Fortbildung nach Hongkong zu schicken.

　　B：你可真会开玩笑,老板。

　　B：Chef, machen Sie keine Scherze mit mir!

　　A：老板什么时候开过这样的玩笑?

　　A：Habe ich bei so etwas schon mal gescherzt?

【别白费劲了】　　bié bái fèijìn le

Verschwende nicht deine Energie.

"别"表示否定的态度,在句子的末尾加上一个"了",就有了劝告的意思,使语气更缓和。例如:别说了;别弄了;别自作多情了。"bie" wird zur Negation verwendet (negativer Imperativ), wenn am Satzende ein "le" steht, wird eine Empfehlung zum Ausdruck gebracht und der Ton dadurch abgemildert. Z. B. "bie shuo le" (sag nichts mehr), "bie nong le" (hör damit auf), "bie zi zuo duoqing le" (lass dein Wunschdenken in Bezug auf das andere Geschlecht).

例：A：你别白费劲了,孩子不是学音乐的料,你何必呢?

Bsp.：A：Verschwende deine Energie nicht mehr. Unser Kind hat nicht das Zeug zum Musiker, also was soll's?

　　B：什么叫白费劲,学总比不学好。

　　B：Was heißt Energie verschwenden? Es ist immer besser etwas zu lernen als nicht zu lernen.

Chinesische Redewendungen leicht gemacht

【别看…】　　biékàn…

wenngleich, ungeachtet

生活告诉你,不要相信表面的东西。汉语也说"别看…",要了解事情真相。

Das Leben hat uns gelehrt, nicht nur die Oberfläche von Dingen zu sehen. Im Chinesischen sagt man "bie kan…", wenn man sagen möchte, dass man die Tatsachen betrachten soll.

例1：别看他现在这么神气,哭的时候还没有到呢。

Bsp. 1：Ihm wird das Lachen bald vergehen.

例2：A：小周家里一定很有钱,你看她一天一身名牌。

Bsp. 2：A：Xiao Zhou kommt bestimmt aus reichem Hause. Schau dir nur mal die Markenklamotten an, die sie jeden Tag trägt.

　　　B：不见得,她就是喜欢打扮。别看她穿那么贵的衣服,其实她父母都是工人,靠工资吃饭。

　　　B：Nicht unbedingt, sie macht sich einfach nur gern zurecht. Auch wenn sie so teure Sachen trägt, sind ihre Eltern doch nur Arbeiter, die von einem kleinen Lohn leben.

　　　A：你怎么知道？

　　　A：Woher weißt du das？

　　　B：我们做了多年的邻居了。

　　　B：Wir sind seit vielen Jahren Nachbarn.

【别客气/客气什么】　　bié kèqi/kèqi shénme

Keine Ursache！/Nicht so förmlich！

笔者曾当过几天冒牌儿的翻译,当翻译"别客气"的时候,随口简单地说成是"Don't be polite."我为之服务的老外马上问"Why not?"单从字面上讲,"不客气"确实是不要"polite"的意思,但在中国人

看来,朋友之间如果太"polite"了,就是见外了。

Irgendwann habe ich mich mal als Dolmetscher versucht und dabei "bie keqi" wörtlich übertragen: Seien Sie nicht höflich. Der Ausländer, für den ich arbeitete, fragte sofort zurück: "Warum nicht?" "bu keqi" heißt tatsächlich, man soll nicht höflich sein. Im Verständnis der Chinesen verhält man sich wie ein Fremder, wenn man unter Freunden zu höflich ist.

例1: A: 你对我的帮助太大了,非常谢谢你。
Bsp. 1: A: Sie haben mir so geholfen. Vielen Dank.
　　　B: 别客气,这是我应该做的。
　　　B: Gern geschehen.

例2: A: 老李,你什么时候去上海?
Bsp. 2: A: Lao Li, wann fährst du nach Shanghai?
　　　B: 明天上午8点半。
　　　B: Morgen früh um 8.30 Uhr.
　　　A: 哎呀,不巧,我不能去送你了,明天上午我有个会。
　　　A: Ach, was für ein Pech. Ich habe morgen Vormittag eine Besprechung, da kann ich dich nicht begleiten.
　　　B: 不要那么客气。
　　　B: Kein Problem.

例3: A: 小李,你找我有什么事吗?
Bsp. 3: A: Xiao Li, was kann ich für dich tun?
　　　B: 是有事,不过,我不好意思开口。
　　　B: Also, es ist mir etwas peinlich, das zu sagen.
　　　A: 说吧,有什么为难的事?
　　　A: Sag schon, wo drückt der Schuh?
　　　B: 我听说你儿子有一把小提琴,放在家里没用了,我儿子正想学习小提琴,我能借用一下吗?

Chinesische Redewendungen leicht gemacht

B：Ich habe gehört, dass dein Sohn eine Geige hat, die er nicht benutzt. Und weil mein Sohn gerade Geige spielen lernt, wollte ich fragen, ob ich sie ausleihen kann.

A：啊,这事,借？客气什么？送给你儿子吧。

A：Das ist alles?! Was machst du da für ein Theater. Ich schenke sie deinem Sohn.

【别提了】　　bié tí le
Erwähn es bloß nicht!

在说到自己倒霉或倒胃口的事的时候,或者被问及痛处时,往往就会先叹上一口气,说一句"别提了",方才开始道出原委。
Wenn das Gespräch auf das eigene Pech oder Dinge, die einem die Laune verderben, oder wunde Punkte, kommt, dann seufzt man meist und sagt "bie ti le", bevor man alle Details erzählt.

例 1：A：假期过得怎么样？
Bsp. 1：A：Wie war der Urlaub?

　　　B：咳,别提了,病了三天,哪儿也没去成。
　　　B：Ach, erwähn den bloß nicht. Ich war drei Tage krank und bin nirgendwo gewesen.

例 2：A：我昨天看见老刘帮头儿搬东西。
Bsp. 2：A：Gestern habe ich Lao Liu gesehen, wie er dem Chef geholfen hat, etwas zu tragen.

　　　B：别提了,他这人就会拍马屁。
　　　B：Hör bloß auf! Der schleimt sich doch nur ein.

　　　A：是呀,昨天帮头儿搬东西他真积极呀,今天单位搬东西了,他说自己腰疼。
　　　A：Stimmt. Gestern hat er ganz eifrig dem Chef geholfen und

heute, wo wir etwas zu räumen haben, sagt er, er habe Rückenschmerzen.

B：别提了，真没意思。

B：Genug davon. Es ist doch sinnlos darüber zu reden.

【别做梦了／你在做梦吧】 bié zuò mèng le/nǐ zài zuòmèng ba

Hör auf zu träumen.／Red nicht solchen Unsinn.

在中文里,做梦是个贬义词。由此你可以理解中国人不是太浪漫,或者可以理解成脚踏实地。

Im Chinesischen wird "Traum" häufig in pejorativer Bedeutung verwendet. Das erklärt auch, warum Chinesen nicht so romantisch veranlagt sind, oder anders gesagt, Chinesen stehen mit beiden Beinen fest auf der Erde.

例： 丈夫：我要是有很多钱,就买漂亮的大房子,还有很多别人没有的东西,这样让别人来羡慕你有一个好丈夫。

Bsp.： Ehemann：Wenn ich viel Geld hätte, würde ich ein großes schönes Haus kaufen und noch viele andere Dinge, die andere Leute nicht haben. Dann würde dich jeder um deinen tollen Ehemann beneiden.

妻子：你别做梦了。

Ehefrau：Hör auf zu träumen.

丈夫：你说这是做梦？这是我的设想,没有梦就没有现实嘛。

Ehemann：Du glaubst ich träume? Das ist meine Fantasie, aber ohne Träume gibt es keine Wirklichkeit.

Chinesische Redewendungen leicht gemacht

妻子：我不想什么漂亮的房子，先买个好点儿的床吧，免得睡在这破床上晚上老做恶梦。

Ehefrau: Ich möchte kein schönes Haus kaufen. Kauf erst mal ein besseres Bett, damit ich auf diesem kaputten Ding nicht immer Alpträume habe.

【别往心里去】　　bié wǎng xīnli qù

Nimm es dir nicht so zu Herzen./Sei nicht beleidigt.

对有些事情，有些话，你也许觉得受不了，想不开，但千万别拿它来折磨你自己。Take it easy，因为有许多事情并不完全是你的过错，也有不少事情人家并不是故意针对你来的。

Manche Situationen oder Worte empfinden Sie vielleicht als unfair und schwer zu ertragen, aber lassen Sie sich keinesfalls davon quälen, nehmen Sie es sich nicht so sehr zu Herzen. Vieles ist gar nicht Ihr Fehler und manchmal sind Sie überhaupt nicht persönlich gemeint, wenn Ihnen jemand die Schuld an irgendetwas gibt.

例1：儿子：爸爸，我对您发火不对，请您千万别往心里去。

Bsp. 1: Sohn: Vater, ich hätte dir gegenüber nicht die Beherrschung verlieren dürfen. Bitte sei mir nicht böse.

爸爸：不会的，其实，这件事情也有我的错。

Vater: Bin ich nicht, es war ja auch mein Fehler.

例2：　　经理：小王，你上个月迟到了两次，公司决定扣除一部分工资，这是公司新制定的制度，请你想开点，别往心里去。

Bsp. 2: Manager: Xiao Wang, du bist letzten Monat zweimal zu spät gekommen. Die Firma hat beschlossen, einen Teil deines Gehalts abzuziehen. So sind die neuen Fir-

menregeln. Bitte nimm es dir nicht so zu Herzen.

小王：说哪里话，应该应该。

Xiao Wang：Ist schon in Ordnung, so muss das eben sein.

【不把…放在眼里】　　bù bǎ...fàng zài yǎnlǐ
auf jmd./etw. herabsehen

轻视某人某事
Jemanden oder etwas geringschätzen.

例：A：没想到李戈这么小年纪，一出场就拿了世界冠军。
Bsp.：A：Ich hätte nicht gedacht, dass Li Ge, so jung wie er ist, gleich beim ersten Mal den Weltmeistertitel erringen würde.

　　B：因为他年纪小，别人开始都不把他放在眼里，所以他才有机会成为黑马。
Weil er so jung ist, haben die anderen ihn anfangs nicht für voll genommen. Und so hatte er eine Außenseiterchance.

【不好意思】　　bù hǎo yìsi
beschämt, verlegen sein

"不好意思"有两个意思：一是表示害羞；一是送别人礼物或接受别人礼物时的客气话。
Diese Redewendung hat zwei Bedeutungen：zum einen kann sie bedeuten, dass es jemandem peinlich ist, irgendetwas zu tun; zum anderen ist es eine Höflichkeitsfloskel, die verwendet wird, wenn man jemandem etwas schenkt oder ein Geschenk bekommt.

例1：A：昨天我告诉她，她的男朋友来了，她觉得很不好意思。
Bsp. 1：A：Es war ihr richtig peinlich, als ich ihr gestern gesagt habe, dass ihr Freund hier war.

Chinesische Redewendungen leicht gemacht

　　　　B：这有什么不好意思？
　　　　B：Was ist denn daran peinlich?
　例 2：A：小王，你要结婚了，送你一件小礼物，不好意思。
Bsp. 2：A：Xiao Wang, hier ist ein kleines Hochzeitsgeschenk für dich.
　　　　B：你真是太客气了，谢谢！
　　　　B：Das ist wirklich nett von dir, vielen Dank.

【不合算/划不来】　　bù hésuàn / huá bù lái
etw. lohnt sich nicht

不值得的意思，或许是从金钱的角度，或许是从付出的努力及花费的时间所获得的回报的角度。
Diese Redewendung bedeutet, dass etwas es nicht wert ist, sich nicht auszahlt, entweder in finanzieller Hinsicht oder hinsichtlich der Mühen und Zeit, die man dafür investiert.

　例 1：A：你一个月多少钱？
Bsp. 1：A：Wie viel verdienst du im Monat?
　　　　B：才三百五十元。
　　　　B：Nur 350 Yuan.
　　　　A：那么少？辛辛苦苦一个月，才那么一点，不合算。
　　　　A：So wenig? Du rackerst dich einen ganzen Monat für das bisschen Geld ab! Das ist es wirklich nicht wert.
　　　　B：可不是，下个月我就不干了，这样下去划不来。
　　　　B：Stimmt, ab nächsten Monat mache ich das auch nicht mehr. Es lohnt sich für mich nicht, hier zu bleiben.
　例 2：A：你知道刘工程师为什么辞职吗？
Bsp. 2：A：Weißt du, warum Ingenieur Liu gekündigt hat?

B：他说公司给他的工资不高，又不解决住房问题，在这儿干划不来。

B：Er hat gesagt, die Firma hat ihn nicht gut bezahlt und sein Wohnungsproblem nicht gelöst. Da lohnt es sich für ihn nicht, hier zu bleiben.

【不见得吧/不一定吧】 bú jiàndé ba/bù yídìng ba
nicht unbedingt, unwahrscheinlich

比较婉转、礼貌地表示不同意。
Bringt sehr taktvoll und höflich zum Ausdruck, dass man nicht zustimmt.

例：A：要是把这本小说拍成电影，一定很卖座儿。
Bsp. : A：Es wird sicher ein Kassenschlager, wenn dieser Roman verfilmt wird.

B：不见得吧，现在没多少人上电影院看电影，再说，这部小说太悲惨了，现在的人不喜欢太严肃的东西。

B：Nicht unbedingt, es gehen gar nicht mehr so viele ins Kino und außerdem ist die Geschichte so tragisch. Niemand will heute so ernste Themen.

A：我看不见得，严肃的东西如果质量好，也会有市场的。

A：Das glaube ich nicht. Wenn die Qualität gut ist, gibt es dafür auch einen Markt.

B：我不想抬杠，等着看你改编的电影吧。

B：Ich will mich nicht mit dir streiten. Warten wir ab, was aus deiner Verfilmung wird.

Chinesische Redewendungen leicht gemacht

【…不就完了吗/…不就得了吗】　　bú jiù wán le ma/… bú jiù dé le ma

Können wir nicht...?/Reicht es nicht...?

有些人对什么事情都是息事宁人的态度,过得去就行,不喜欢跟人较真儿。碰上了认死理的人,他们的反映会是"行了,行了","何必那么认真呢","…不就得了吗?"。
Manche Menschen geben in bestimmten Situationen lieber klein bei als zu argumentieren. Wenn sie es mit einem Sturkopf zu tun haben, dann sagen sie zum Beispiel "Ist schon in Ordnung.", "Warum so ein Aufstand?" oder "Können wir nicht...?"

例1:(马路上)司机:我怎么了?
Bsp. 1:(auf der Strasse)
　　Fahrer:Was habe ich gemacht?
　警察:你没看见红灯吗?
　　Polizist:Haben Sie die rote Ampel nicht gesehen?
　司机:对不起。
　　Fahrer:Entschuldigung.
　警察:本子拿来。
　　Polizist:Geben Sie mir Ihren Führerschein.
　司机:罚款不就得了吗,还要本子干嘛?
　　Fahrer:Kann ich nicht einfach nur ein Bußgeld zahlen? Was wollen Sie denn noch mit meinem Führerschein?

例2:A:王先生,最近忙什么了?
Bsp. 2:A:Guten Tag Herr Wang, wie geht es Ihnen denn so in letzter Zeit?
　　B:我正准备和××公司打官司呢,他们出版的书里用了我的文章,不说不给我稿费,连个招呼也不打。

15

B: Ich bereite gerade einen Rechtsstreit mit der Firma xxx vor. Sie haben in ihrem Buch einfach einen Artikel von mir verwendet ohne mir das zu sagen, geschweige denn ein Honorar zu zahlen.

A: 打官司一定很麻烦吧？

A: Vor Gericht zu gehen ist doch sicher aufwändig?

B: 可不是吗,我已经耽误不少时间了。

B: Auf jeden Fall. Es hat mich schon viel Zeit gekostet.

A: 要我说,让我给你去说说,让××公司给你点儿稿费,赔个不是不就完了吗？

A: Wenn Sie mich machen lassen, dann kann ich für Sie mit der Firma sprechen und sie dazu bringen, Ihnen ein Honorar zu zahlen. Ist es nicht das, was Sie wollen?

【不是故意的】　　bú shì gùyì de
nicht absichtlich

中国法律有一个传统：知法犯法,罪加一等。只要不是故意的,往往就可以得到宽恕。

Im chinesischen Recht gibt es ein ungeschriebenes Gesetz: Wer absichtlich das Gesetz verletzt, macht sich doppelt strafbar. Anders gesagt, nur wenn man etwas nicht absichtlich macht, dann wird einem auch verziehen.

例1：A：你踩了我的脚。
Bsp. 1：A：Du bist mir auf den Fuß getreten.
　　　B：对不起,我不是故意的。
　　　B：Entschuldigung, das war nicht mit Absicht.
例2：A：你看,孩子,你吃饭的时候米饭到处都是,你是怎么吃的？

Chinesische Redewendungen leicht gemacht

Bsp. 2： A： Schau mal, mein Kind, du hast beim Essen überall Reiskörner verteilt. Wie hast du das denn gegessen?

B：妈妈,我不是故意的,我来捡。

B： Entschuldige Mama, das war nicht absichtlich. Ich sammle sie auf.

例3： A：对不起,把你的鞋子弄脏了。

Bsp. 3： A： Entschuldigung, ich habe Ihre Schuhe schmutzig gemacht.

B：没关系,你又不是故意的。

B： Kein Problem, es war ja nicht mit Absicht.

【不像话/你这话是怎么说的/你这是什么话】 bú xiàng huà / nǐ zhè huà shì zěnme shuō de/nǐ zhè shì shénme huà

Das ist ja ein starkes Stück./Wie kannst du so was sagen？/Was soll das denn heißen？

中国人说话和做事要求得体、合适,一方面,对不同年龄、不同身份、不同辈分的人,要说的话是不一样的;另一方面,也应符合一般的公德,如果不得体,不合公德,那就"不像话"。得到的反应也就是"你这是(叫)什么？"或"你这话是怎么说的？"

In China gehört es zu den guten Umgangsformen sich taktvoll und angemessen zu äußern und zu verhalten. Sowohl Alter, Status und Altersrang innerhalb der Familie als auch die öffentliche Moral müssen im Gespräch beachtet werden, "bu xiang hua" ist es, wenn man sich nicht so verhält. Dann hört man auch als Reaktion "Wie kannst du so was sagen？" oder "Was soll das denn heißen？"

例1： A：我看见有人坐公共汽车不买票,还骂乘务员。

Bsp. 1： A： Ich habe im Bus jemanden gesehen, der nicht bezahlt hat. Und dann hat er auch noch den Schaffner beschimpft.

B：真不像话。

B：Das ist ja ein starkes Stück.

例2：A：儿子,你这么小就抽烟,对你的身体可不好。

Bsp. 2：A：Mein Junge, in deinem Alter rauchst du schon?! Das ist nicht gut für deine Gesundheit.

B：我们同学很多都抽烟。再说,少抽点儿,不会有什么问题。

B：Viele aus meiner Klasse rauchen. Außerdem sind doch ein paar（Zigaretten）gar nicht so schlimm.

A：这叫什么话,你们都抽了就是你们都不对。

A：Was soll das denn heißen? Wenn alle rauchen, dann ist das bei allen falsch.

【不要脸】　　bú yào liǎn

unverschämt/Unverschämtheit!

脸是什么,就是面子。说你"不要脸"就是说你是个不知道羞耻的人。

Das Gesicht bezeichnet im Chinesischen den guten Ruf. Sagt jemand "bu yao lian", dann heißt das, dass der andere schamlos ist.

例1：真不要脸,坐车不买票,还有理。

Bsp. 1：Unverschämtheit! Keine Fahrkarte kaufen und dann auch noch frech werden.

例2：他不要脸,一个大男人,还要媳妇养活。

Bsp. 2：Er ist unverschämt. Wie kann sich ein erwachsener Mann von einer Frau aushalten lassen?

Chinesische Redewendungen leicht gemacht

【吃饭了吗】 chī fàn le ma
Guten Tag!／Hallo!

问你吃饭了吗,你可不要误会,那不是要请你去吃饭,而是一句平常的招呼。至于为什么这么问,有人说,是因为人口这么多的中国,吃饭问题曾是个及其严重的问题,"民以食为天",打个招呼问问是不是解决了吃饭问题,表示关心。

Wenn jemand Sie fragt, ob Sie gegessen haben, dann missverstehen Sie das nicht als Einladung zum Essen. Es ist eine ganz normale Grußformel. Wenn man nach dem Ursprung fragt, dann hört man folgende Erklärung: Da China eine so große Bevölkerung hat, war die Versorgung mit Nahrungsmitteln ein großes Problem. "Für das Volk ist das Essen das Himmelreich", lautet eine Redensart. Wenn man also als Gruß fragt, ob jemand schon etwas gegessen hat, dann bringt das Fürsorge zum Ausdruck.

【丑话说在前头】 chǒuhuà shuō zài qiántou
gleich zu Beginn offen und ehrlich sein

中国历来是个道德伦理之邦,人们用道德、良心作为信誉的保障而不是契约。因此人们并不喜欢什么事情都立个字据什么的。但是先许愿,事后又不算数的人仍然很多,于是也就有了"丑话说在前头"的说法,或者像写个字据等"先小人后君子"的做法。

China ist seit jeher ein Land der Moral und Ethik. Nicht Verträge, sondern Moral und ein gutes Gewissen sind die Garanten für

Vertrauenswürdigkeit. Deshalb halten Chinesen nicht gern alles gleich schriftlich fest. Aber natürlich gibt es auch Chinesen, die ihr Wort nicht halten Und so entstand die Redewendung: "das Unangenehme sagt man gleich zu Anfang"; und wenn man doch etwas niederschreibt, dann hält man sich an die Devise "erst ein kleiner Mann, dann ein Edelmann".

例1：A：老张,借你的车用一下。
Bsp. 1：A：Lao Zhang, kann ich mir dein Auto leihen?

B：可以,不过丑话说在前头,弄坏了要赔的啊?
B：Ja, aber eins sag ich dir gleich: Wenn du was kaputt machst, zahlst du den Schaden.

A：那当然。
A：Natürlich.

例2：A：歌德先生,我真不理解,你怎么一开始谈合同,就喜欢讨价还价呢?
Bsp. 2：A：Herr Goethe, ich verstehe wirklich nicht, warum Sie gleich um den Preis feilschen, kaum dass wir die Vertragsverhandlungen begonnen haben.

B：当然,合同签完了,我们就没有机会讨价还价了。
B：Wenn wir den Vertrag unterzeichnet haben, ist es doch zu spät über den Preis zu verhandeln.

A：老实说,我还不习惯这样,显得挺小气的。
A：Ehrlich gesagt, bin ich diese Vorgehensweise nicht gewöhnt, es sieht so geizig aus.

B：把丑话说在前头,"先小人后君子"嘛。
B：Ich bin gleich zu Beginn offen und ehrlich, oder wie heißt es doch so schön: "Erst ein kleiner Mann, dann ein Edelmann".

Chinesische Redewendungen leicht gemacht

【出了问题谁负责】　　chū le wèntí shuí fù zé

Wer übernimmt die Verantwortung, wenn etwas schiefgeht?

这句话表示没有人愿意承担责任,更没有人愿意做份外的事,干了又没有额外的好处,谁愿意?

Niemand übernimmt gern die Verantwortung, schon gar nicht, wenn etwas nicht zum eigenen Aufgabenbereich gehört. Wer möchte schon zusätzliche Arbeit machen, ohne dafür etwas zu bekommen?

例:A:小李,把这个打进电脑,明天我要用。
Bsp.:A: Xiao Li, bitte tipp das in den Computer. Ich brauche es morgen.

B:老刘,我的那台电脑坏了,这个电脑的系统我不太熟悉。
B: Lao Liu, mein Computer ist kaputt und mit dem System von diesem kenne ich mich nicht so gut aus.

A:没关系,打吧。
A: Ist schon in Ordnung, fang einfach an.

B:那要是出了问题谁负责?
B: Wer übernimmt die Verantwortung, wenn etwas schiefgeht?

A:没问题,有我呐。
A: Ich, keine Sorge.

【打扰了】　　dǎrǎo le

Entschuldigen Sie die Störung.

去拜访某人的常用客套话,回答往往是"没什么"、"哪儿的话"、"请都请不来"等。

21

Das ist eine höfliche Wendung, die benutzt wird, wenn man jemanden besucht. Als Reaktion darauf hört man zum Beispiel "Sie stören doch nicht", "Aber nicht doch", "Es freut mich, dass Sie hier sind".

例：A：对不起,打扰了!
Bsp.：A：Entschuldigen Sie die Störung.
　　　B：哪儿的话？
　　　B：Sie stören doch nicht.

【到底还是…/就是不一样】　dàodǐ háishì…/ jiù shì bù yíyàng

schließlich

适当的说点儿奉承话,让听话者感到舒服,这是汉语的风格之一。当你是一个美国人,而且又表演了你的篮球技艺的时候,你就会听到："看,到底是美国人,篮球打得就是好"。

Angemessen Komplimente zu äußern um dem Gesprächspartner zu schmeicheln, das ist eine der stilistischen Besonderheiten der chinesischen Sprache.

例1：A：到底是名牌大学毕业的,你的英语说得真不错啊!
Bsp. 1：A：Dein Englisch ist wirklich ausgezeichnet. Kein Wunder, du
　　　　　bist ja schließlich Absolvent einer renommierten Universität.
　　　　B：哪里,哪里。
　　　　B：Vielen Dank.

例2：A：到底还是老张,那么细心,不然会出大问题的。
Bsp. 2：A：Ohne die Sorgfalt von Lao Zhang hätte es große Probleme
　　　　　gegeben.
　　　　B：是啊,领导就是不一样啊。

Chinesische Redewendungen leicht gemacht

B：Stimmt, das macht einen guten Vorgesetzten aus.

张：你们过奖了。

Zhang：Das ist unverdientes Lob!

【丢了面子】 diū le miànzi
das Gesicht verlieren

只要你稍稍看了点介绍中国文化的书，大概就知道"面子"这个词。它使中国人富于自尊心和荣誉感，也使中国人显得有点虚荣和不可捉摸。
Wenn Sie ein wenig über die chinesische Kultur gelesen haben, dann kennen Sie wahrscheinlich das chinesische Wort "Gesicht". Es gibt den Chinesen Selbstachtung und Ehrgefühl, zugleich macht es sie aber auch ein wenig selbstgefällig und rätselhaft.

例：老板：小李，你应该向W公司道歉。

Bsp.：Chef：Xiao Li, Sie sollten sich bei der Firma W entschuldigen.

小李：什么？我去道歉？那不是我的错。

Xiao Li：Wie bitte? Ich soll mich entschuldigen? Es war nicht mein Fehler.

老板：我知道不是你一个人的错，可是W是我们的客户，对客户必须客气点儿。

Chef：Ich weiß, dass es nicht Ihr Fehler war. Aber die Firma W ist unser Kunde und zu Kunden müssen wir höflich sein.

小李：可我也是有身份的人，让我去道歉，多丢面子？

Xiao Li：Aber ich habe auch meine Würde. Wenn ich mich entschuldigen gehe, dann verliere ich mein Gesicht.

老板：什么叫丢面子？是面子重要还是我们的业务重要呢？

Chef：Was soll das heißen? Ist Ihr Gesicht wichtiger als unser Unternehmen?

【都什么时候了】　　dōu shénme shíhòu le
Dafür ist es jetzt zu spät.

对别人的建议表示态度，认为那于事无补，太晚了。
Diese Redewendung drückt die Haltung des Sprechers zu einem Vorschlag aus und bringt zum Ausdruck, dass der Vorschlag nicht sinnvoll, es dafür zu spät ist.

例：A：老赵，我建议你学点儿英语，这对你的工作很有用的。
Bsp.：A：Lao Zhang, Sie sollten etwas Englisch lernen, das ist für Ihre Arbeit sehr nützlich.

　　B：都什么时候了，再过两年就退休了，还学什么英语呀。
　　B：Dafür ist es zu spät. In zwei Jahren gehe ich in Rente, was soll ich da noch Englisch lernen!

【都这份儿上了】　　dōu zhè fènr shàng le
etwas hat bereits dieses Ausmaß erreicht

"份儿"应该作"程度"解释。"都这份儿上了"表示已经到了很严重的程度了，再做什么努力已经有点儿晚了。"还没到那份儿上"则表示还没到那程度。
"fenr" bedeutet hier "Ausmaß". Diese Redewendung drückt aus, dass etwas bereits ein kritisches Ausmaß erreicht hat und es zu spät ist, etwas dagegen zu unternehmen. "hai mei dao na fenr shang" bedeutet, dass ein bestimmtes Ausmaß noch nicht erreicht wurde.

例：A：爸爸，我请了一个老中医，给您看看您的风湿病。
Bsp. 1：A：Vater, ich habe einen erfahrenen Arzt für TCM gefunden, der sich dein Rheuma einmal ansehen wird.

　　B：哎，我这老病，这么多年都没治好，都这份儿上了，还看什么呀？

Chinesische Redewendungen leicht gemacht

B：Ach, diese Geschichte plagt mich seit Jahren und konnte nicht geheilt werden. Was soll ich jetzt noch bei einem Arzt?

A：看看吧，听人说，这老中医很灵的。

A：Geh doch einfach mal hin. Ich habe gehört, dass seine Behandlung helfen kann.

例2：A：听说老李和他老伴儿要离婚？

Bsp. 2：A：Hast du gehört, dass Lao Li sich scheiden lassen will?

B：是吗？老李今年都58了？还离什么婚呀？再说，他们平时感情不是挺好的嘛？

B：Wirklich? Lao Li ist schon 58, was soll in dem Alter eine Scheidung? Und sind die beiden nicht immer gut miteinander ausgekommen?

A：我也不相信，可是，昨天我听见老李和他老伴儿吵架，他爱人说"既然到这份儿上了，那就离吧。"

A：Ich kann es auch nicht glauben. Aber ich habe gestern gehört, wie sich Lao Li mit seiner Frau gestritten hat. Seine Frau sagte："Jetzt ist es schon so weit, na dann lassen wir uns doch scheiden."

B：真的到那份儿上了？

B：Ist es wirklich so schlimm?

【多大了】 duō dà le
Wie alt bist du?/Wie alt sind Sie?

年龄在中文里也不是什么禁区。不过，随着改革开放以来，西方文明的影响，工作在高层写字楼里的中国女性白领们，都开始跟西方人一样，忌讳别人问自己的芳龄了，她们会很艺术地回答你"这是一个秘密"。

Nach dem Alter zu fragen, ist nicht tabu. Allerdings zeigt sich mit der Reform und Öffnung der Einfluss des Westens und einige weibliche Angestellte empfinden inzwischen die Frage nach dem Alter als nicht angemessen. Sie werden ganz diplomatisch antworten：" Das ist ein Geheimnis."

例：A：你今年多大了？
Bsp.：A：Wie alt bist du?

B：快三十了。
B：Ich werde 30.

A：结婚了吗？
A：Bist du verheiratet?

B：朋友都没有,结什么婚？
B：Ich habe nicht mal eine Freundin.

A：不过,是该考虑结婚的问题了。
A：Aber so langsam solltest du mal über das Thema Heirat nachdenken.

B：你给我介绍一个,怎么样？
B：Na dann stell mir mal eine vor.

A：别开玩笑了,你还要别人介绍？
A：Mach keine Witze, du brauchst doch keinen Vermittler.

【放心吧/不要紧/不着急】　　fàngxīn ba/bú yào jǐn/bù zháojí
Mach dir keine Sorgen./Das macht nichts！/Bleib ruhig.

中国人说"不着急"的频率一定比英语国家的人说"Don't worry"

Chinesische Redewendungen leicht gemacht

要高得多,这也许是因为中国人信仰佛教和道教的缘故。
"bu zhaoji"（Bleib ruhig. / Keine Hektik.）wird sehr häufig verwendet. Das hat möglicherweise seine Ursache im Buddhismus oder Daoismus.

例1：A：孩子,你这是第一次出远门,路上要当心。

Bsp. 1：A：Kind, du fährst das erste Mal so weit weg. Pass auf dich auf.

B：妈妈,您放心吧!

B：Mach dir keine Sorgen, Mutter.

例2：A：你看,我借了你的钱还没有还,真过意不去。

Bsp. 2：A：Es ist mir wirklich peinlich, dass ich dir das Geld noch nicht zurückgegeben habe.

B：不着急,有钱的时候再还。

B：Keine Hektik. Gib es mir einfach, wenn du es hast.

A：我短时间之内,可能不会有钱,怎么办？

A：In der nächsten Zeit werde ich wahrscheinlich keins haben. Was soll ich bloß machen？

B：不要紧,放心吧,我不会跟你讨债。

B：Ist nicht so schlimm. Mach dir keine Sorgen. Ich werde nicht zum Schulden eintreiben kommen.

【该死/真该死】　　gāi sǐ/zhēn gāi sǐ

Verdammt!

俗话说,"好死不如赖活着",所以"死"这个词可以用来骂人。

Der Volksmund sagt:"Ein schöner Tod ist nicht so gut wie ein mieses Leben." "si" kann also als Schimpfwort verwendet werden.

例1：A：该死,银行又降低利息了。
Bsp. 1：A：Verdammt, die Bank hat schon wieder die Zinsen gesenkt.
B：我们再也不能把钱存在银行里了。
B：Wir sollten unser Geld nicht mehr auf die Bank bringen.
A：不存在银行里又能存到哪儿去呢？
A：Wenn nicht auf die Bank, wohin denn dann?
B：炒股票吧,听说炒股票很赚钱。
B：Wir können Aktien kaufen. Ich habe gehört, das ist eine gute Investition.
A：饶了我吧,就我们这点金融知识,还玩股票呢,要不了几天，本就没了。
A：Verschon mich damit. Mit unserem bisschen Wissen über Finanzen auch noch Aktien kaufen. Es wird nicht lange dauern, dann haben wir alles verloren.

例2：A：医生说应该在吃饭之前吃药,你吃了吗？
Bsp. 2：A：Der Arzt hat gesagt, du sollt das Medikament vor dem Essen einnehmen. Hast du es gemacht?
B：哟,真该死！我把这事儿忘了。
B：Mist, das habe ich vergessen.

【干杯/为…干杯】　　gānbēi/wèi… gānbēi
Prost! Auf Ex! /Erheben wir unsere Gläser auf…

酒席上的话。在中国工作过一段时间的外国人听了这个词一定心有余悸。

Wendung bei Banketten. Ausländer, die eine Zeitlang lang in China

Chinesische Redewendungen leicht gemacht

gearbeitet haben, beschleicht sicher ein Gefühl der Angst, wenn sie diese Worte hören.

例1：为我们的友谊干杯！为你们乔迁之喜干杯！

Bsp. 1：Auf unsere Freundschaft! Auf Ihre neue Wohnung! Zum Wohl!

例2：A：李经理,再干一杯。

Bsp. 2：A：Herr Li, trinken wir noch ein Glas.

B：不行了,不能再干了,我已经醉了。

B：Nein, danke. Ich kann wirklich nicht mehr. Ich bin schon betrunken.

A：最后一杯,为你的健康干杯！

A：Das letzte Glas. Auf Ihre Gesundheit!

B：为我的健康？恐怕喝了这一杯,我得上医院了。

B：Auf meine Gesundheit? Ich fürchte, ich muss ins Krankenhaus, wenn ich dieses Glas trinke.

【管闲事】　　　guǎn xiánshì

sich in die Angelegenheiten anderer einmischen

中国人做人有一句明哲保身的名言：事不关己高高挂起。与自己无关或关系不大的事都是闲事,闲事少管为好。

Als anständiger Mensch sollte man sich aus den Angelegenheiten anderer heraushalten, so lautet auch ein geflügeltes Wort im Chinesischen: Halt dich fern von Dingen, die dich nicht betreffen. Alles, was wenig oder nichts mit einem zu tun hat, sind fremde Angelegenheiten und in die mischt man sich nicht ein.

例1：A：我们去看看,那两个人在打架。

Bsp. 1：A：Da ist eine Schlägerei, lass uns mal hingehen.

B：他们打架,跟我有什么关系?

B：Was hat deren Schlägerei mit uns zu tun?

A：去劝一劝吧。

A：Wir können vermitteln.

B：别去,别找这个麻烦。

B：Bleib hier, du handelst dir sonst nur Ärger ein.

例2：A：听说公司的老总要换了?

Bsp. 2：A：Ich habe gehört, dass es einen neuen Generaldirektor in der Firma geben wird.

B：换不换跟我又有什么关系呢?

B：Was hat das mit mir zu tun, wenn es einen neuen Chef gibt.

A：别这么说,你是这个单位的人,还不希望来个能人,把公司搞活了,多发点儿奖金吗?

A：Sag so was nicht, du gehörst doch auch zur Firma. Hoffst du denn nicht, dass wir einen fähigen Chef bekommen, der wieder Leben in die Bude bringt und wir mehr Prämien bekommen?

【恭喜乔迁/恭贺乔迁之喜】　　gōngxǐ qiáoqiān/gōnghè qiáoqiān zhī xǐ

Gratulation zur neuen Wohnung.

"乔迁"就是搬到更好的地方居住。搬家也是人生中一件大事,人往高处走,家往好处搬。

"qiao qian" bedeutet in eine bessere Wohnung umziehen. Ein Umzug ist eine große Angelegenheit. Eine bessere Wohnung bedeutet auch immer mehr Lebensqualität.

例：A：老张,听说你要搬家了,是真的吗?

Chinesische Redewendungen leicht gemacht

Bsp.：A：Lao Zhang, ich habe gehört du willst umziehen. Stimmt das?

B：是啊，儿子大了，屋子太小了，住不下了，换间大点儿的。

B：Ja. Unser Sohn ist schon groß, da ist die Wohnung zu klein. Also ziehen wir in eine größere.

A：恭喜乔迁啦！

A：Alles Gute für den Umzug.

B：同喜同喜。

B：Vielen Dank.

【恭喜发财】　　gōngxǐ fācái
Ein erfolgreiches neues Jahr！

过去人们每逢过年过节，都要互致问候，行拱手礼，说一些诸如"新年好"，"恭喜发财""节日快乐"之类的句子。如今，拱手礼是不用了，可是问候还是少不了的.

Früher hat man einander zum Frühlingsfest respektvoll mit aufeinander gelegten Händen gegrüßt und dazu gewünscht "Alles Gute im neuen Jahr！", "Ein erfolgreiches neues Jahr！", "Ein schönes Fest！". Heute gehören die guten Wünsche nach wie vor zum Frühlingsfest, allerdings nicht mehr mit aufeinander gelegten Händen.

例1：A：恭喜发财！

Bsp. 1：A：Ein erfolgreiches neues Jahr！

B：大家发财，大家发财。

B：Gleichfalls.

例2：A：王老先生，今天是您孙女出嫁的日子，恭喜恭喜呀！

Bsp. 2：A：Herzlichen Glückwunsch zur Hochzeit Ihrer Enkelin, Herr Wang.

B：同喜同喜。
B：Vielen Dank.

【过奖过奖/哪里哪里】 guò jiǎng guò jiǎng/nǎli nǎli
Zu viel der Ehre.（als Reaktion auf ein Kompliment）

西方人听到别人夸奖的时候总喜欢说"谢谢"；中国人则说"哪里哪里"或者"过奖过奖"之类客套的话，或者干脆对你的赞美表示否定："不，没有你说的那么好。"这是中国人的美德——谦虚的具体表现。

Im Westen reagiert man auf ein Kompliment mit "Danke", Chinesen hingegen sagen "Ach woher denn." oder "Zu viel der Ehre." oder sie sagen direkt, dass das Lob falsch ist："Nein, nicht so gut, wie du gesagt hast." Das ist Ausdruck der chinesischen Bescheidenheit.

例1：A：你的中文很不错。
Bsp. 1：A：Du sprichst sehr gut Chinesisch.
　　　　B：哪里哪里。
　　　　B：Aber nicht doch.
　　　　A：听说你的中文是班上最好的。
　　　　A：Du sollst der Beste in deiner Klasse sein.
　　　　B：过奖了过奖了。
　　　　B：Aber nicht doch.

例2：A：王小姐，你今天真漂亮啊。
Bsp. 2：A：Fräulein Wang, Sie sehen heute sehr hübsch aus.
　　　　B：哪里哪里。
　　　　B：Vielen Dank.

Chinesische Redewendungen leicht gemacht

【还是老一套】 hái shì lǎo yí tào
wie immer

人是容易喜新厌旧的。朋友越老越好,事情越新越好。
Es liegt in der Natur des Menschen, Neues zu mögen und Altes satt zu haben. Je älter die Freunde desto besser, bei allem anderen gilt, je neuer desto besser.

例: A: 这个周末你过得好吗?
Bsp.: A: Hattest du ein schönes Wochenende?

B: 马马虎虎。
B: Es war ganz ok.

A: 你能告诉我,你做了些什么?
A: Und was hast du gemacht?

B: 没什么,还是老一套,学习,练琴,玩。你呢?
B: Nichts Besonderes. Dasselbe wie immer. Ich habe gelernt, Klavier geübt und gespielt. Und du?

A: 我也是老一套,练习写字,学英语,玩游戏机,没什么意思。我想出去和邻居家的孩子玩玩儿,我妈妈都不同意,她总是说,跟他们玩就会变成野孩子的。
A: Ich habe auch dasselbe wie immer gemacht: Kalligrafie geübt, Englisch gelernt, Spiele mit der Konsole gespielt. Ich wollte rausgehen und mit den Kindern von nebenan spielen, aber meine Mutter hat es nicht erlaubt. Sie sagt immer, wenn ich mit denen spiele, werde ich zu wild.

B：我妈妈也是老糊涂，没意思，周末比上学还累。

B：Meine Mutter ist auch so albern. Es ist zwecklos. Wochenenden sind noch schlimmer als die Schule.

A：真是的。

A：Das stimmt.

【毫无疑问/不用说（问）/那还用说（问）】 háo wú yíwèn/bú yòng shuō(wèn)/nà hái yòng shuō(wèn)

ohne jeden Zweifel/Das steht außer Frage./Gibt es da noch etwas zu fragen?

用来表达肯定的语气，相当于说当然。用"那还用问？"这样的疑问句式带有一种调侃的口吻。

Diese Redewendungen werden zur Bekräftigung verwendet, sie entsprechen "dangran" (natürlich). "Gibt es da noch etwas zu fragen?" hat einen scherzhaften Unterton.

例1：A：你穿的这衣服挺漂亮的，也很合身，谁买的？

Bsp. 1：A：Die Kleidung, die du trägst, sieht hübsch aus. Sie steht dir gut. Wer hat sie ausgesucht?

B：我一个老太太穿这么花哨的颜色，还漂亮？你说是谁买的？

B：Glaubst du wirklich, dass so bunte Kleidung etwas für eine alte Frau wie mich ist? Was meinst du, wer hat es gekauft?

A：不用说了，一定是你的宝贝女儿买的了。

A：Natürlich deine liebe Tochter.

B：那还用问。

B：Gibt es da noch etwas zu fragen?

例2：不用问，他早知道这个消息了。

Bsp. 2：Natürlich wusste er schon längst von dieser Nachricht.

Chinesische Redewendungen leicht gemacht

例3：毫无疑问，你是我们中英文最棒的。
Bsp. 3: Es steht außer Frage, dass dein Englisch von uns allen am besten ist.

【好啊】　　hǎo a
In Ordnung！/Ok.

听话听音。同是一个"好啊"，读法不同，意思就会完全不同。
Wenn Sie jemanden sprechen hören, achten Sie auf den Tonfall. Ein unterschiedlicher Tonfall bringt ganz verschiedene Bedeutungen zum Ausdruck, so auch bei "hao a".

1. "啊"读升调，表示赞同赞许。
   "a" in steigendem Ton bringt Zustimmung oder Anerkennung zum Ausdruck.

   例：A：周末去密云钓鱼，怎么样？
   Bsp.: A: Wie wäre es, wenn wir am Wochenende nach Miyun zum Angeln fahren?
   　　 B：好啊，我正在想周末干什么呢！
   　　 B: Toll, ich habe gerade überlegt, was ich am Wochenende machen soll!

2. "啊"读轻声，"好"读音加重拖长，表示不满，特别用于"抓住别人的小辫子"之时。
   Wird "a" in neutralem Ton gesprochen und "hao" mit Betonung und langgezogen, dann bringt das Unzufriedenheit zum Ausdruck und wird vor allem verwendet, wenn man einen wunden Punkt treffen will.

   例：[酒席上]众：干杯，干！
   Bsp.: (Beim Bankett) Alle: Prost! Auf Ex!

张三：老王，你怎么杯子里是白水！
Zhang San: Lao Wang, wieso hast du Wasser im Glas?
李四：好啊，用水和我们干杯，罚酒三杯！
Li Si: Was? Wer mit uns mit Wasser anstößt, muss zur Strafe drei Gläser Schnaps trinken!

【何必呢】　　　hébì ne

wozu denn...?

字面上的意思是有什么必要呢？意思是根本没有必要，通过疑问句式可以加强语气。

Wörtlich bedeutet die Redewendung "welche Notwendigkeit gibt es?" und meint, dass etwas überhaupt nicht notwendig ist. Durch die Form der rhetorischen Frage wird die Bedeutung verstärkt.

例：A：你最近情绪不太好，是不是跟女朋友吹了？

Bsp.：A：In letzter Zeit bist du immer schlecht drauf. Hast du dich von deiner Freundin getrennt?

B：是的。

B：Ja.

A：为什么？你们不是快要结婚了吗？

A：Warum? Wolltet ihr nicht bald heiraten?

B：我也不太清楚，大概是我没有钱，没有房子吧。

B：Ich weiß auch nicht warum, vielleicht weil ich kein Geld habe, und kein Haus.

A：那她上哪儿去了？

A：Und wo ist sie jetzt?

B：跟一个老头儿结婚去了国外。

B：Sie hat einen alten Mann geheiratet und ist mit ihm ins Aus-

Chinesische Redewendungen leicht gemacht

land gegangen.

A：要是那样,你不必难过,为那样的女人折磨自己,何必呢?

A：Wenn es so ist, dann brauchst du doch nicht traurig zu sein. Wozu quälst du dich wegen so einer Frau?

【胡说/胡说八道/放屁】 hú shuō/hú shuō bā dào/fàngpì
Unsinn/Stuss reden/Quatsch!

把"放屁"和"胡说"混成一个意思,实在是有点儿意思.这也是中文骂人的一种特色。

Es ist schon interessant, dass "furzen" im Chinesischen die Bedeutung "Unsinn reden" hat. Das ist eine Eigenheit bei Schimpfworten im Chinesischen.

例1： 妻子：你光胡说八道,你女儿这样子,能找什么样的女婿?

Bsp. 1： Frau: Du redest nur Unsinn. Schau deine Tochter an, was für einen Schwiegersohn wird sie schon anbringen?

丈夫：别自己瞧不起自己,我们女儿怎么了? 她长得不漂亮,可是有本事。

Mann: Mach dich doch nicht selbst schlecht. Was ist mit unserer Tochter? Sie ist nicht besonders hübsch, aber fähig.

妻子：我呀,倒不希望找个什么有钱的女婿,我只希望他们结婚以后别来向我们要钱就行了。

Frau: Ich will doch gar nicht, dass sie einen reichen Mann heiratet. Ich hoffe nur, dass sie uns nach der Hochzeit nicht ständig um Geld bittet. Dann ist schon alles in Ordnung.

例2：A：放屁! 你再胡说,就滚出去。

Bsp. 2: A: Quatsch! Wenn du weiter so ein Zeug redest, verschwindest du besser von hier.

B: 我可以走,可是你别后悔。

B: Ich kann gehen, aber bereue es hinterher nicht.

【换句话说】 huàn jù huà shuō
mit anderen Worten

换句话说,有的时候是换个角度,有的时候是换个表达方式,都是为了表达得更清楚。

Um sich deutlicher auszudrücken, betrachtet man manchmal etwas aus einem anderen Blickwinkel oder drückt es anderes aus. Dann verwendet man "huan ju hua shuo".

例1: 这个月我们公司的业务不是太好,换句话说,就是我们的工作存在很多问题,到底是什么问题呢? 今天把大家找来开会,就是讨论这个问题的。

Bsp. 1: In diesem Monat läuft unser Geschäft nicht so gut. Anders gesagt, es gibt eine Menge Probleme bei der Arbeit. Was sind das nun eigentlich für Probleme? Ich habe alle heute hierher gebeten, um das zu diskutieren.

例2: A: 今天天使队没有赢,主要问题是什么?

Bsp. 2: A: Die *Angels* haben heute verloren. Woran lag das vor allem?

B: 我看主要问题是天使队心理太紧张了,压力太大了。

B: Meiner Meinung nach war der psychische Stress das Hauptproblem, der Druck war zu groß.

A: 我同意你的看法,换句话说,就是太怕输了。

A: Mit anderen Worten haben sie also zu viel Angst davor zu verlieren.

Chinesische Redewendungen leicht gemacht

【还人情】　huán rénqíng
einen Gefallen erwidern

"来而无往非礼也",接受了别人的礼物或好处,就该报答,这就叫还人情。因此有人说,"还不清的人情债"。

Es heißt "Etwas nicht zu erwidern, ist unhöflich". Wenn man ein Geschenk bekommt oder jemand einem einen Gefallen erweist, dann muss man das erwidern. Das ist "renqing" (Gunst, Gefallen). Daraus entstand die Redensart von den "nicht rückzahlbaren Schulden".

例：A：你买什么？
Bsp.：A：Was willst du kaufen?

B：买个礼物。
B：Ein Geschenk.

A：又送礼呀？
A：Schon wieder?

B：没办法,我生儿子的时候,别人送了礼,我得还人情。
B：Es geht nicht anders. Als mein Sohn geboren wurde, habe ich so viele Geschenke erhalten, jetzt muss ich mich erkenntlich zeigen.

【加油/加油加油/加把劲啊】　jiā yóu/jiā yóu jiā yóu/jiā bǎ jìn a
Tempo! (zur Anfeuerung)

机器运行得太久了,就得加点儿油;人也一样,需要有人给他加

油,特别是在他最关键的时候。
Wenn Maschinen lange in Benutzung sind, müssen sie geölt werden. So ist das auch mit Menschen. Sie brauchen jemanden, der sie "ölt", vor allem in entscheidenden Situationen.

例1：A：真是太累了,这么多的作业什么时候能做完呀?
Bsp. 1：A：Wann werde ich diese ganzen Hausaufgaben fertig haben?
　　　B：我知道,加把劲吧,完了就好了。
　　　B：Ich weiß, streng dich noch ein bisschen an. Wenn du fertig bist, fühlst du dich besser.

例2：A：老师,我这次考得怎么样?
Bsp. 2：A：Herr Lehrer, wie war meine Prüfung?
　　　B：这次你考得不太好,下次加把劲啊。
　　　B：Nicht so gut. Das nächste Mal musst du dich etwas mehr anstrengen.

例3：中国队,加油!
Bsp. 3：China, los, Tempo!

【见鬼/真见鬼/见鬼去吧/活见鬼了】 jiàn guǐ/zhēn jiàn guǐ / jiàn guǐ qù ba/huó jiàn guǐ le
Verdammt! /Scher dich zum Teufel! /Du träumst!

事情完全出乎意外地糟的时候,那就该说"见了鬼"了。
Wenn etwas völlig unerwartet schiefläuft, dann können Sie sagen, dass Sie "einen Geist gesehen" haben.

例1：真见鬼,我的车哪儿去了,刚在这儿,这会儿怎么不见了?
Bsp. 1：Mist, wo ist mein Auto (Fahrrad)? Gerade war es noch hier, wie kann es jetzt weg sein?

例2：A：考试考得怎么样?

Chinesische Redewendungen leicht gemacht

Bsp. 2：A：Wie war die Prüfung?

B：活见鬼,考试前一天晚上我发高烧,肯定考得乱七八糟了。

B：Furchtbar, am Abend davor hatte ich hohes Fieber. Es ist bestimmt eine Katastrophe.

【结婚了吗】　　jiéhūn le ma
Sind Sie/Bist du verheiratet?

当你听到中国人问你"结婚没有?"或"你有孩子吗?"等问题的时候,你大可不必惊慌或愤怒。婚姻问题在中国是一个很平常很轻松的话题,就像西方人谈天气一样。你尽可以说结了或没有什么的,如果你是个"想有个家"的单身,说不定人家还会给你介绍一个你的意中人呢!

Erschrecken Sie nicht oder werden wütend, wenn Chinesen Sie fragen "Sind Sie verheiratet?" oder "Haben Sie Kinder?". Das Thema Heirat ist ein ganz normales Gesprächsthema, so wie man im Westen über das Wetter spricht. Sie können einfach mit "ja" oder "nein" antworten. Sind Sie Single und auf der Suche, dann hilft man Ihnen vielleicht sogar, einen Partner/eine Partnerin zu finden.

例1：A：哥们,好久不见,结婚了吗?

Bsp. 1：A：Hallo Kumpel, lange nicht gesehen. Bist du verheiratet?

B：还没有呢,不可能都像你那样有福气,老婆孩子热炕头。

B：Noch nicht. Nicht jeder hat so viel Glück wie du und genießt sein Familienleben.

A：还有福气?整天吵死了。还是你好哇!我真羡慕!

A：Glücklich? Es ist den ganzen Tag furchtbar laut. Da hast du es richtig gut, ich bin wirklich neidisch.

B：我有什么好，整天冷冷清清的。
B：Worauf? Dass ich den ganzen Tag einsam bin?
A：你可以一人吃饱全家不饿。
A：Du musst nur einen ernähren.
B：你别生在福中不知福了。
B：Du solltest dein Glück genießen.

例2：A：啊，小李，今年三十了吧?
Bsp. 2：A：Hallo Xiao Li, du wirst dieses Jahr 30, oder?
B：属马，三十二了。
B：32, ich bin im Jahr des Pferdes geboren.
A：还没对象?
A：Hast du noch keinen Freund/keine Freundin?
B：还没呢，怎么样，给我介绍一个?
B：Nein, wie wär's, wenn du mir jemanden vorstellst?

【就你懂（明白/能干/能/好/有钱…）】 jiù nǐ dǒng
（míngbāi/nénggàn/néng/hǎo/yǒuqián…）

nur du verstehst das（weißt Bescheid/bist in der Lage/kannst/bist gut/hast Geld…）

你没有必要那么积极地逞能和表现自己。因为：1）要知道，有时候，沉默是金;2）难道别人是傻子（坏蛋/穷光蛋……）吗？
Es ist absolut nicht notwendig, seine Fähigkeiten herauszustreichen und sich zu präsentieren, denn 1. sollte man wissen, dass manchmal Schweigen Gold ist und 2. sind doch die anderen nicht dumm (Lumpen oder Hungerleider).

例1：A：这个邓太太整天在办公室里说又去什么什么地方吃饭了。

Chinesische Redewendungen leicht gemacht

Bsp. 1：A：Diese Frau Deng redet im Büro den ganzen Tag davon, wo sie wieder überall essen war.

B：就她趁钱。

B：Sie hat eben Geld.

例2：A：你为什么和同学们的关系搞得不好？

Bsp. 2.：A：Warum kommst du mit deinen Klassenkameraden nicht gut aus?

B：老师一提问题，我就举手。如果老师要求别人回答问题，我就不高兴。

B：Wenn der Lehrer eine Frage stellt, melde ich mich. Wenn der Lehrer dann jemand anderen drannimmt, gefällt mir das gar nicht.

A：每个人都有回答问题的机会和权力。

A：Jeder hat die Gelegenheit und das Recht Fragen zu beantworten.

B：可是他们常常回答错误。

B：Aber ihre Antworten sind oft falsch.

A：得了，你谦虚点儿吧。就你明白，大家都是傻子，是这样吗？

A：Lass gut sein und sei etwas bescheidener. Nur du weißt was Sache ist und alle anderen sind dumm, stimmt's?

【久仰久仰／久仰大名】　　Jiúyǎng jiúyǎng／Jiúyǎng dà míng

Ich freue mich, Sie kennen zu lernen！／Ich habe schon viel von Ihnen gehört！（beim ersten Treffen verwendet）

这已是一句过时的客套话了，现在用起来，要不就是非常正式，要不就是开玩笑的口气了。久仰，字面上讲，对您的名字（名声），我必须仰着脖子才能看见、听见，说明您的地位高高在上。

Das ist eine Höflichkeitsfloskel aus früheren Zeiten. Wenn sie heute

verwendet wird, dann entweder bei sehr formellen Anlässen oder als Scherz. Wörtlich bedeutet "jiuyang" ich muss meinen Kopf heben, um Ihren Namen (Ihre Reputation) sehen oder hören zu können. Es bringt zum Ausdruck, dass der Gesprächspartner eine sehr hohe Stellung einnimmt.

例：A：你好！我是……
Bsp.：A：Guten Tag. Ich bin...
　　B：啊,是您呀,久仰久仰！
　　B：Ah, Sie sind es. Ich habe schon viel von Ihnen gehört!

【就这么定了】　　jiù zhème dìng le
so soll es sein/abgemacht

有一些话比如"有空来我家玩"；"什么时候咱们一起吃顿饭"；"以后再说吧"等等,这些都是客套话,但当对方说"就这么定了",那可就意味着来真格的了,他这样说是怕你不当真,强调一下,此言一出,就像把小锤子,算是敲定了。
Wenn Sie hören "Kommen Sie uns besuchen, wenn Sie Zeit haben", "Lass uns mal zusammen essen" oder "Lass uns später darüber sprechen", dann sind das alles Höflichkeitsfloskeln. Aber wenn jemand sagt "jiu zheme ding", dann war es ernst gemeint und es wird noch einmal bekräftigt. Das ist wie der Zuschlag bei einer Auktion.

例：A：这个周末出去玩玩,怎么样？
Bsp.：A：Wie wäre es, wenn wir dieses Wochenende irgendwohin fahren?
　　B：去哪儿？
　　B：Wohin?
　　A：带上夫人、孩子去八达岭,怎么样？

Chinesische Redewendungen leicht gemacht

A：Wie wäre es, wenn du Frau und Kind mitnimmst und wir zur Großen Mauer nach Badaling fahren？

B：什么时候去？

B：Wann wollen wir fahren？

A：星期天行吗？

A：Wie ist es mit Sonntag？

B：好，就这么定了，星期天不见不散。

B：Ok, abgemacht. Dann bis Sonntag.

【开个玩笑，别当真/说着玩儿，你别认真】 kāi ge wánxiào, bié dàngzhēn/shuō zhe wánr, nǐ bié rènzhēn

Ich mache Spaß, nimm es nicht ernst.

开玩笑也有误会的时候，或者你开玩笑时碰上了一个死心眼儿，他（她）根本就没有幽默细胞，这时候，你只好说："开个玩笑啦，别当真啦"，或"说着玩儿，你别认真啦"。

Manchmal werden Witze falsch verstanden oder Sie scherzen mit jemandem, der überhaupt keinen Humor hat. Dann können Sie sagen："Ich mache Spaß, nimm es nicht ernst." oder "Ich habe das nur zum Spaß gesagt, es ist nicht ernst gemeint".

例：A：这两张电影票是哪儿来的？

Bsp. A：Woher kommen denn diese beiden Kinokarten？

B：我送的，今天有兴趣陪我去看电影吗？

B：Von mir. Hast du Lust, heute mit mir ins Kino zu gehen？

A：我正在和我的先生度蜜月呀，你存心想让人说我闲话吗？

A：Ich bin gerade mit meinem Mann in den Flitterwochen, willst du mich zum Gerede der Leute machen?

B：开个玩笑,别当真嘛。这是我送你和你先生的小礼物呀。

B：Es war ein Scherz, nimm es nicht ernst. Es ist ein kleines Geschenk für dich und deinen Mann.

A：那就谢谢了。

A：Na dann vielen Dank.

【看你都说到哪儿去了】　　kàn nǐ dōu shuō dào nǎr qù le
Nicht der Rede wert.

对客套的客套。
Das ist eine Höflichkeitsfloskel, die als Reaktion auf eine andere Höflichkeitsfloskel verwendet wird.

例：A：王先生,在北京生活的日子里,多亏你的帮助。

Bsp.：A：Herr Wang, vielen Dank für Ihre Hilfe während meines Aufenthaltes in Beijing.

B：马丁先生,看你都说到哪儿去了,朋友之间是不用客气的。

B：Keine Ursache, Herr Martin. Unter Freunden ist das selbstverständlich.

【看在…的面子上】　　kàn zài … de miànzi shàng
um …… willen

中国人很看重面子,因此原谅某一个人的过错,也可以说是因为是某某一个人的面子,比如他爸爸的面子,他老板的面子,他哥哥、姐姐、弟弟、妹妹、同学、老乡的面子上等等。
Für Chinesen ist das Gesicht sehr wichtig. Wenn man jemandem einen Fehler verzeiht, kann man sagen, dass man das um jemandes willen tut,

Chinesische Redewendungen leicht gemacht

zum Beispiel um des Vaters willen, des Chefs, des Bruders oder der Schwester, der Klassenkameraden, der Landsleute usw.

例：A：小姐,请问这件衣服多少钱?

Bsp.：A：Entschuldigung, wie viel kostet dieses Kleid?

B：800。

B：800 Yuan.

A：太贵了,能便宜点吗? 我真的很喜欢这衣服,没有带那么多钱。

A：Das ist zu teuer. Geht es ein bisschen billiger? Es gefällt mir wirklich gut, aber ich habe nicht so viel Geld bei mir.

B：没有带那么多钱,买什么衣服呀。

B：Wenn Sie nicht genug Geld dabei haben, was wollen sie dann hier?

A：你这人怎么说话?

A：Wie können Sie so mit mir reden!?

B：不好听,你可以走,没人强迫你买。

B：Sie können ja gehen, wenn es Ihnen nicht passt. Niemand zwingt Sie, hier etwas zu kaufen.

C：天呐,你们怎么吵起来了?（对 B）小妹,这是我女朋友的大姐。（对 A）大姐,这是我小妹妹,她不懂事,看在我的面子上,你不要跟她计较。

C：Meine Güte, warum streitet ihr?（zu B）Das ist die ältere Schwester meiner Freundin.（zu A）Das ist meine kleine Schwester. Sie ist unvernünftig. Leg dich um meinetwillen nicht mit ihr an.

A：这是哪儿跟哪儿啊,一家人不认识一家人。

A：Was für ein Chaos. Das eine Familienmitglied kennt das andere nicht.

47

B：大姐，对不起，冒犯了。
B：Entschuldige, dass ich dich gekränkt habe.
A：看在你哥哥的面子上，我已经原谅你了。
A：Ist schon ok, um deines Bruders willen.

【看情况】　　kàn qíngkuàng
es kommt darauf an

"看情况"很像英文的"It depends"，不过请注意，有时它也表示一种不太愿意的托词。
"kan qingkuang" bedeutet es kommt darauf an, aber im Chinesischen ist es manchmal auch eine Ausrede, wenn man etwas nicht machen möchte.

例1：A：雨下得这么大，我们明天还去长城吗？
Bsp. 1：A：Es regnet so stark. Wollen wir morgen trotzdem zur Großen Mauer fahren?
　　　　B：看情况，如果明天天晴的话，我们的计划不变。
　　　　B：Mal sehen. Wenn das Wetter morgen schön ist, bleibt es bei unserem Plan.

例2：　　　小王：小李，星期五晚上你有时间吗？
Bsp. 2：Xiao Wang：Xiao Li, hast du Freitag Abend Zeit?
　　　　　　小李：什么事？
　　　　Xiao Li：Was gibt's?
　　　　　　小王：小周要去美国工作，我们想为他饯行，你能来吗？
　　　Xiao Wang：Xiao Zhou geht in die USA zum Arbeiten. Wir wollen eine Abschiedsparty für ihn machen. Kannst du kommen?
　　　　　　小李：看情况吧，因为星期五我丈人可能从武汉来，我

Chinesische Redewendungen leicht gemacht

恐怕走不开。

Xiao Li：Mal sehen. Mein Schwiegervater kommt wahrscheinlich am Freitag aus Wuhan. Ich werde wohl nicht weg können.

【可不是吗】 kě bú shì ma
Das stimmt genau.

中国人喜欢用否定句表示强调,比方说"不漂亮"表示难看,"不少"表示很多等;中文也喜欢用疑问句表示强调,比如表示愤怒说"岂有此理?";在"可不是吗?"这句话里用了否定词,又用了疑问词,还有个表示强调的"可"字,说明说话者的态度是非常明确的,即完全同意对方的看法。

Chinesen verwenden zur Betonung gern die Negation. Zum Beispiel bedeutet "nicht hübsch" "hässlich"；"nicht wenig" bedeutet "viel". Zur Betonung werden auch gern rhetorische Fragen benutzt, so zum Beispiel wenn man ärgerlich ist "qi you ci li?" (Das ist ein starkes Stück.). In der Wendung "ke bu shi ma" haben wir auch eine Negation, eine Fragesatzpartikel und "ke" zur Verstärkung. Die Haltung des Sprechers ist ganz klar, er stimmt mit dem Gesprächspartner überein.

例：A：你看,老李的孩子多有出息。

Bsp. A：Siehst du, die Kinder von Lao Li haben alle gute Aussichten.

B：可不是吗,老大、老二都去美国读博士了,老三今年又考取了清华。

B：Ganz genau. Die beiden ältesten Söhne promovieren in den USA und das dritte Kind wurde von der Qinghua Universität angenommen.

A：别人的孩子怎么那样有出息？
A：Warum sind die Kinder von anderen immer so vielversprechend？
B：你别羡慕了，你家小红不是也很不错吗？将来也是个大学生。
B：Sei nicht neidisch. Deine Tochter Xiao Hong ist doch gut. Sie geht mal auf die Universiät.
A：咳，八字还没有一撇呢。
A：Ha，wer kann das schon wissen！

【可不是闹着玩儿的】　　kě bú shì nào zhe wánr de
Das ist kein Spaß.

有些事情可以开玩笑，有些则不可以。有些事情可以一边吹着口哨走开，有些事情则一开始就得严肃认真地对待，因为它"不是闹着玩的"。
Über manche Sachen kann man Scherze machen，über andere nicht. Mit manchen Dingen kann man ganz locker umgehen，bei anderen muss man von Anfang an ernsthaft sein，da sie kein Spaß sind.

例1：儿子：妈妈，我也想学钢琴。
Bsp. 1：Sohn：Mama, ich will auch Klavier spielen lernen.
　　　妈妈：孩子,学钢琴,这可不是闹着玩儿的。
　　　Mutter：Mein Kind，Klavier spielen lernen ist kein Spaß.
　　　儿子：为什么学钢琴不是闹着玩儿的？
　　　Sohn：Warum？
　　　妈妈：学钢琴，第一要花很多钱，买一台琴得花一万多元呢；第二学琴很苦的,你能坚持得了吗？
　　　Mutter：Zum einen ist es sehr teuer，ein Klavier kostet über 10.000 Yuan. Zum anderen ist es harte Arbeit. Kannst du das durchhalten？

Chinesische Redewendungen leicht gemacht

儿子：妈妈，我知道了，不过我还是想学一学。

Sohn：Mama, ich weiß, aber ich will es trotzdem versuchen.

例2：A：爸爸，我想辞职，自己干。

Bsp. 2：A：Vater, ich möchte kündigen und mich selbständig machen.

B：孩子，你在公司的工作不是很好吗？

B：Hast du nicht eine gute Stelle in der Firma?

A：我的工作是不错，不过我还是想自己当自己的老板。

A：Meine Arbeit ist nicht schlecht, aber ich möchte mein eigener Chef sein.

B：这可不是闹着玩儿的，你必须认真考虑考虑。

B：Aber das ist kein Spaß, du musst dir das gründlich überlegen.

【…可倒好，…】　　kě dǎo hǎo

während（**kennzeichnet etwas, das nicht gerechtfertigt ist**）

该做什么没做什么，该是什么样子而不是什么样子，就可以用"他可倒好""你可倒好"，表示一定程度的责备。

Bringt einen Vorwurf zum Ausdruck, wenn etwas nicht so gemacht wird, wie es gemacht werden sollte, oder etwas nicht so ist wie erwartet.

例1：A：老爷子，我们为您老人家祝寿来了。

Bsp. 1：A：Opa, wir sind gekommen, um mit dir Geburtstag zu feiern.

B：啊，谢谢，看你们客气的。

B：Ah, vielen Dank. Das ist wirklich nett von euch.

A：祥子呢？他怎么不在家？

A：Wo ist Xiangzi? Warum ist er nicht zu Hause?

B:你是说我那个儿子呀,咳,整天不在家,大学毕业了,又没有工作,不知道又钻到哪儿去了。你们看,我过生日,让你们忙乎,他倒好,在外面玩儿去了。

B: Meinst du meinen Sohn? Der ist nie zu Hause. Nach dem Uni-Abschluss hat er keine Arbeit gefunden und weiß auch nicht, was er machen soll. Heute ist mein Geburtstag und er lässt euch die Arbeit machen, während er sich irgendwo amüsiert.

例2:小刘都30了,还没有女朋友,大家都帮他着急。他倒好,自己一点儿也不慌。

Bsp. 2: Xiao Liu ist schon 30 und hat noch keine Freundin. Wir sind alle etwas besorgt. Aber er macht sich überhaupt keine Gedanken.

L

【了不得/不简单/了不起】　liǎo bù dé/bù jiǎndān/liǎo bù qǐ
schrecklich/großartig/unglaublich

前面说过中文常用否定反义形式来表达肯定,像"不错"就是"很好","不少"就是"很多","不傻"就是"聪明"等。这些赞誉之词都含有一个"不"字,然而都是不折不扣由衷地赞叹。

Wie bereits erwähnt, drücken Chinesen etwas Positives gern in negativer Form aus. Wie "nicht schlecht", was bedeutet "sehr gut" oder "nicht wenig" in der Bedetung "viel". "Nicht dumm" bedeutet "klug". In all diesen Komplimenten ist zwar das Wort "bu" enthalten, es sind aber durch und durch bewundernde Worte.

Chinesische Redewendungen leicht gemacht

例1：现在的孩子可了不得了，这么小就懂事。
Bsp. 1：Die Kinder heutzutage sind wirklich unglaublich. Sie sind schon in jungen Jahren so vernünftig.

例2：小王真不简单，上有老下有小，一个人从早忙到晚。
Bsp. 2：Xiao Wang ist wirklich toll, er kümmert sich allein um seine Eltern und sein Kind und ist den ganzen Tag auf Achse.

例3：A：小李的儿子参加钢琴比赛，得了第一名。
Bsp. 3：A：Xiao Lis Sohn ist Erster im Klavierwettbewerb geworden.

B：是吗？真不简单。你知道，小李小俩口都不懂音乐的。

B：Wirklich? Das ist großartig. Weißt du, Xiao Li und seine Frau verstehen nichts von Musik.

A：是吗？真了不起。

A：Tatsächlich? Das ist ja wirklich unglaublich.

【露一手/让…一饱眼福】 lòu yì shǒu/ràng…yì bǎo yǎnfú
（mit etwas）glänzen/jemanden sich an etwas ergötzen lassen

中国人的谦虚往往是对外人的，在家里人和朋友面前也常有自得的表现。比如自己的一技之长给外人表演就是"献丑"，在自家人面前就成了"露一手"；或"让你们一饱眼福。"当然这些也用来夸奖别人的表演，像"某某给我们露了一手"，或"让我们大饱眼福"等。

Chinesen zeigen Bescheidenheit meist Außenseitern gegenüber und nicht vor Familie und Freunden. Wenn jemand vor Fremden seine Fähigkeiten zur Schau stellt, dann ist das "xian chou" (zur Unterhaltung beitragen, auch wenn es auf eigene Kosten geht). Vor Familie oder Freunden heißt es dann "(mit etwas) glänzen" oder "jemanden sich an etwas ergötzen lassen". Diese Redewendungen werden auch verwendet, um andere zu loben.

例1：今天你们都休息,我做饭,给你们露一手。

Bsp. 1：Ihr ruht euch heute aus und ich koche. Ich werde für euch meine Fähigkeiten unter Beweis stellen.

例2：A：书市上有很多书,今天让你一饱眼福。

Bsp. 2：A：Auf der Buchmesse gibt es so viele Bücher, daran kannst du dich satt sehen.

B：我不仅要一饱眼福,我还要买很多我喜欢的书。

B：Ich werde mich nicht nur daran satt sehen, sondern auch die Bücher kaufen, die mir gefallen.

A：你哪儿来那么多私房钱？

A：Woher hast du das ganze Geld？

B：毛毛雨呀,毛毛雨呀。

B：Ach, das sind nur Peanuts.

【马马虎虎】　mǎmǎ hūhū

So la la

据说从前有个三流画家,画了一只动物,看起来象马又不太象马,象虎又不太象虎,让别人来评价,人家只好说,这个...马马虎虎吧。后来这个词就引申为凑合,还过得去的意思,而"马虎"则是粗心的意思。它虽然不是一个初级汉语课本中的常见词,却是最受欢迎的词,也许是它很容易记住,也很容易说的缘故,不少只会说"你好"和"再见"的外国学生都知道。

Es heißt, es gab früher einmal einen drittklassigen Maler, der ein Tier malte, das irgendwie wie eine Mischung aus Pferd und Tiger aussah. Als er andere um deren Meinung bat, konnten die nur sagen

Chinesische Redewendungen leicht gemacht

"dieses … Pferd Pferd Tiger Tiger". Und so wurde diese Wendung dann später verwendet, um zu sagen, dass etwas ganz passabel ist. "mahu" bedeutet unachtsam. Obwohl das ein Wort ist, das in Anfänger-Lehrbüchern selten vorkommt, erfreut es sich großer Beliebtheit, weil es leicht auszusprechen ist und man es sich leicht merken kann. Selbst diejenigen, die gerade mal "Guten Tag!" und "Auf Wiedersehen" sagen können, kennen es.

例1：A：最近怎么样？
Bsp. 1：A：Wie geht's dir so in letzter Zeit?
　　　　B：马马虎虎。
　　　　B：Ganz gut.
　　　　A：还马马虎虎呐？听说你发大财了。
　　　　A：Ganz gut? Ich habe gehört, du bist zu Geld gekommen.
　　　　B：没那回事。那都是谣言。
　　　　B：Ach wo, das sind alles Gerüchte.

例2：A：刘小姐，你穿这件衣服真漂亮。
Bsp. 2：A：Fräulein Liu, Sie sehen in Ihrem Kleid sehr hübsch aus.
　　　　B：你说这件衣服还是说我漂亮呢，这件衣服可是便宜货。
　　　　B：Wollen Sie sagen, dass mein Kleid hübsch ist oder ich? Das Kleid war ganz billig.
　　　　A：不管便宜不便宜，挺好看的。
　　　　A：Egal ob billig oder nicht, es sieht hübsch aus.
　　　　B：马马虎虎吧。
　　　　B：Na ja, ganz ok.

【慢慢儿来(慢慢来)】　　mànmānr lái (mànman lái)
Lass dir Zeit/Geh es langsam an

俗话说,一口吃不了个胖子,又说,欲速则不达。因此,中国人遇到困难时,总是宽慰别人说:"慢慢儿来",而且常常加一句"不要着急(别着急)"。

Eine Redensart lautet "Von einem Bissen wird man nicht dick" oder auch "Eile mit Weile". Wenn Chinesen auf Probleme treffen, dann trösten sie einander mit den Worten: "Geh es langsam an" und "Mach dir keine Sorgen".

例: 老李看着两个孩子就要大学毕业了,工作还没有着落,而且,家里房子又那么紧张,心里非常着急,嘴里一直在叹气。他的妻子在一边安慰他说:"不要着急,着急有什么用呢? 慢慢儿来!"

Bsp.: Lao Li ist besorgt und seufzt die ganze Zeit, weil seine beiden Kinder bald die Universität abschließen, aber noch keine Arbeit gefunden haben. Außerdem sind die Wohnverhältnisse zu Hause nicht so gut. Seine Frau versucht ihn zu trösten: "Mach dir keine Sorgen. Wofür soll das gut sein? Kommt Zeit kommt Rat."

【没办法/没法儿弄/没招儿/没辙】 méi bànfa/méi far nòng/méi zhāor/méi zhé

nichts zu machen

"没办法"和"没法儿弄"(北京话)一样,是中国人挂在嘴边的一句话,不过说虽这么说,并不是真的认为就一点儿办法也没有,真的放弃了任何努力。

"mei banfa" oder "mei far nong" (Pekinger Dialekt) hört man sehr häufig. Das heißt aber nicht, dass es wirklich keine Lösung gibt und der Sprecher all seine Bemühungen aufgegeben hat.

Chinesische Redewendungen leicht gemacht

例1： 爸爸：儿子,这个星期的钢琴课准备得怎么样了?
Bsp. 1：Vater：Bist du auf den Klavierunterricht diese Woche vorbereitet?

儿子：差不多。
Sohn：Fast.

爸爸：什么叫差不多?
Vater：Was heißt fast?

儿子：你不用管,我自己知道。
Sohn：Du musst dir keine Sorgen machen, ich weiß, was ich mache.

爸爸：你哪一次都说不用管,每次问你,你都说没问题,可是每次都让老师批评你。真没辙,你就是这个老问题。
Vater：Du sagst immer, ich soll mir keine Gedanken machen. Jedes Mal, wenn ich frage, sagst du alles in Ordnung, aber dann kritisiert dich jedes Mal der Lehrer. Bei diesem Problem bist du wirklich ein hoffnungsloser Fall.

例2：妈妈：这孩子真没法弄! 到处都脏兮兮的。
Bsp. 2：Mutter：Ich weiß wirklich nicht weiter mit dem Kind. Überall ist es schmutzig.

儿子：妈妈,我又怎么啦?
Sohn：Mama, was ist denn jetzt schon wieder?

妈妈：还问怎么啦,我真拿你没办法,你看你这脏样儿。
Mutter：Da fragst du noch? Schau dich an wie dreckig du bist, ich weiß wirklich nicht, was ich mit dir machen soll.

儿子：那么干净干什么,又不是要娶媳妇儿。
Sohn：Warum muss ich so sauber sein? Es ist doch nicht

meine Hochzeit.

【没法子(办法),只好…】 méi fǎzi(bànfǎ), zhǐhǎo...
Da kann man nichts machen, außer...

表达一种无奈,"是没有办法的办法"。
Bringt Ratlosigkeit zum Ausdruck, "eine Lösung, wenn es keine gibt".

例：A：你怎么卖起菜来了？
Bsp.：A：Wieso verkaufst du jetzt Gemüse？
　　　B：没法子,下岗了,只好干这行儿了。
　　　B：Nichts zu machen, ich wurde freigesetzt, da bleibt mir nichts anderes übrig.
　　　A：你们厂不是效益不错吗？怎么也有下岗的？
　　　A：Macht eure Fabrik nicht ganz gute Gewinne？Wie kann es da freigesetzte Arbeiter geben？
　　　B：那是老皇历了,这两年合资了,外国老板不要那么多人,没办法,只好让一些工人下岗。
　　　B：Das ist Geschichte. Vor zwei Jahren ist sie ein Joint Venture geworden. Der ausländische Chef benötigte nicht so viel Personal. Da blieb nur, einige Arbeiter zu entlassen.
　　　A：是呀,没想到你也下岗,现在下岗的人可真不少,找工作难啦。
　　　A：Ja, ich hätte nicht gedacht, dass es dich trifft. Es gibt jetzt so viele freigesetzte Arbeiter, da ist es schwer Arbeit zu finden.

【没关系,下次再来】 méi guānxì, xiàcì zài lái
Das macht nichts, versuch es noch einmal.

Chinesische Redewendungen leicht gemacht

安慰失败者，也许是一种国际语言。
Es ist wohl eine internationale Sprache, die gesprochen wird, wenn man jemanden nach einer Niederlage tröstet.

例：A：孩子，今天为什么不高兴？
Bsp.：A：Kind, warum bist du heute so traurig?
　　　B：爸爸，这次考试我只得了六十多分。
　　　B：Papa, ich habe in der Prüfung nur knapp über 60 Punkte.
　　　A：是吗？好孩子，没关系，下次再来。
　　　A：Ach so. Das macht nichts, beim nächsten Mal wird es besser.

【没门儿】　méi ménr
Auf keinen Fall!

"门儿"是什么？就是途径。没门儿就是没有途径，找不到办法。这句话往往是对别人的拒绝，语气比较强硬。
Was bedeutet "menr"? Weg. "mei menr" heißt also keinen Weg, keine Lösung haben. Diese Wendung wird häufig als Ablehnung anderen gegenüber verwendet. Sie ist sehr stark.

例：A：小周问可不可以延长假期？
Bsp.：A：Xiao Zhou hat gefragt, ob er seinen Urlaub verlängern kann.
　　　B：老板说了，没门儿。
　　　B：Der Chef hat gesagt, auf keinen Fall.

【没说的】　méi shuō de
selbstverständlich/einwandfrei

"没说的"有两种意思：一是完美无缺，让人无可挑剔；二是没有什么条件可讲，是应该做的。

"mei shuo de" hat zwei Bedeutungen: eine ist "einwandfrei, perfekt"; die andere ist "selbstverständlich, bedingungslos".

例1：A：我们后天搬家，你有时间来帮忙吗？
Bsp. 1：A：Wir ziehen übermorgen um. Hast du Zeit uns zu helfen?
　　　 B：没说的，后天我一定来。
　　　 B：Selbstverständlich. Ich komme übermorgen auf jeden Fall.
例2：老王这人做事真没说的，他是世界上最认真的人。
Bsp. 2：Über die Arbeit von Lao Wang gibt es wirklich nichts zu sagen. Er ist der sorgfältigste Mensch auf der Welt.

【没戏】　　méi xì

hoffnungslos

"没戏"就是"没可能"。俗话说，"戏台小天地，天地大戏台"，人间万事就像演戏一样。情节越复杂，巧合越多，戏就越好看。做事情也一样，如果没有什么发展的余地了，也就像戏没看头了。

"mei xi" bedeutet "keine Möglichkeit". Eine Redensart lautet "Die Theaterbühne ist eine kleine Welt und die Welt eine große Bühne". Alles, was zwischen Menschen geschieht, ist wie in einem Theaterstück. Eine komplizierte Handlung und viele Zufälle machen ein Stück erst richtig interessant. Wenn eine Angelegenheit keine Entwicklungsmöglichkeiten besitzt, gleicht dies einem uninteressanten Theaterstück.

例1：你练习这么不努力，想参加比赛，没戏。
Bsp. 1：Du bist beim Üben so nachlässig. Am Wettbewerb teilzuneh-

Chinesische Redewendungen leicht gemacht

men ist hoffnungslos für dich.

例2：A：你看，周末国邦足球队会赢吗？
Bsp. 2：A：Glaubst du Guobang wird am Wochenende das Fußballspiel gewinnen?

B：没戏，我这辈子是看不到国邦队赢了。
B：Auf keinen Fall. Ich werde wohl in diesem Leben nicht mehr erleben, dass Guobang ein Spiel gewinnt.

【没(有)什么大不了/有什么了不起】 méi(yǒu) shénme dà bù liǎo/yǒu shénme liǎo bùqǐ?

nichts Besonderes

"有什么了不起？"与"没什么了不起"的意思一样，表示"我不在乎"。
Die Frage "Was ist daran besonders?" und die Negation "nichts Besonderes" drücken beide aus "das kümmert mich nicht".

例：A：快走，孩子，我要迟到了。
Bsp.：A：Beeil dich mein Kind. Ich komme zu spät.

B：有什么大不了的，迟到就迟到。
B：Was soll's. Wenn wir zu spät kommen, kommen wir eben zu spät.

A：看你说哪儿去了，妈妈是老师。
A：Was soll das denn heißen. Ich bin Lehrerin.

B：老师？有什么了不起，我们的李老师还骂人呢。
B：Lehrerin? Was ist daran schon besonders. Unser Lehrer (Herr) Li beschimpft sogar andere Leute.

A：骂人是不对，但是李老师为什么骂人？
A：Andere zu beschimpfen, ist nicht richtig. Aber warum macht er das?

61

B：不就是没交作业，有什么大不了的。

B：Nichts weiter, jemand hat seine Hausaufgaben nicht abgegeben.

A：你认为学生不交作业是"没什么大不了"？

A：Du denkst, wenn ein Schüler die Hausaufgaben nicht abgibt, dann ist das nichts weiter?

B：学生不交作业是不对，老师可以说，但为什么要骂人呢？

B：Es ist nicht in Ordnung, die Hausaufgaben nicht abzugeben. Aber als Lehrer kann er doch einfach etwas sagen, warum denjenigen beschimpfen?

【没有那么简单吧】　　méiyǒu nàme jiǎndān ba?

So einfach ist das nicht.

汉语常用问句表示自己的态度。疑问词"吧"就是个很有意思的词，听起来象是征求别人的意见，其实说话人的态度很明确。比方说"不会吧？"实际上是表示"我想不会"；"没那么好吧"意思是"我认为不像你说的那么好。"

Im Chinesischen wird die eigene Meinung oft mit rhetorischen Fragen zum Ausdruck gebracht. Die Partikel "ba" lässt den Satz wie eine Frage klingen, aber eigentlich bringt er ganz deutlich die Haltung des Sprechers zum Ausdruck. Zum Beispiel bedeutet "Das kann doch nicht sein?" "Ich denke, dass das nicht so sein wird" oder "Das ist nicht so besonders, oder?" bedeutet "Ich bin der Meinung, dass es nicht so gut ist, wie du sagst".

例1：A：这有什么了不起的，太简单了。

Bsp. 1：A：Was ist so außergewöhnlich daran? Es ist ganz einfach.

　　　　B：别吹牛，你来试试。

　　　　B：Blas dich nicht so auf. Probier es selbst.

Chinesische Redewendungen leicht gemacht

A：我来就我来，没什么。
A：Gut, lass mich mal. Das ist doch nichts.
B：怎么样？不那么简单吧？
B：Und? Doch nicht so einfach, oder？

例2：儿子：我要是早几年开始学英文，现在我的英文肯定没问题了。
Bsp. 2：Sohn：Wenn ich ein paar Jahre früher angefangen hätte Englisch zu lernen, hätte ich jetzt keine Probleme damit.
妈妈：没那么简单吧，你看你学习的态度，多么马虎！
Mutter：So einfach ist das nicht. Schau doch nur, wie nachlässig du lernst.

【没长眼睛（耳朵，脑子，手，腿）呀】 méi zhǎng yǎnjīng (ěrduō, nǎozi, shǒu, tuǐ) ya

Bist du blind（taub, dumm...）？

不同的语言，指责人的方式也不尽相同。说"你没长眼睛吗？"是指责你应该能够看见或注意到什么；"你没长手吗？"是说你应该自己动手做某事，不要依赖别人。

Wenn es zur Kritik an jemandem kommt, dann sind alle Sprachen gleich. Wenn man sagt "Bist du blind?", dann meint man, dass jemand in der Lage sein sollte, etwas zu erkennen. "Hast du keine Hände?" bedeutet, dass man selbst Hand anlegen und sich nicht auf andere verlassen soll.

例1：A：爸爸，请把书架上的汉语词典给我一下。
Bsp. 1：A：Vater, gib mir bitte das Chinesisch-Wörterbuch vom Bücherregal.
B：你自己没长腿吗？
B：Hast du keine Beine?

例2：A：你干吗吃没洗干净的葡萄？
Bsp. 2：A：Warum isst du ungewaschene Weintrauben?
　　　B：别人都吃了。
　　　　 Die anderen haben sie auch gegessen.
　　　A：你没长脑子吗？你不知道那样不卫生呀？
　　　　 Bist du dämlich? Weißt du nicht, dass das unhygienisch ist?

【免了吧】　　miǎn le ba
Lassen wir ... bleiben

不用那么多的繁文缛节，简单点儿吧。
Halten wir es einfach und verzichten wir auf alle umständlichen Prozeduren.

例：A：李老师，我孩子考上了清华大学，为了感谢您们，星期三晚上我家在北京饭店请您们老师吃一顿饭，不知道您们有没有时间？
Bsp.：A：Herr Li, mein Kind wurde an der Qinghua Universität angenommen. Als Dank möchten wir Sie und die anderen Lehrer am Mittwoch Abend gern ins Beijing Hotel zum Essen einladen. Haben Sie Zeit?
　　　B：你孩子考上了大学，我们老师也很高兴，吃饭就免了吧。
　　　B：Wir Lehrer freuen uns sehr, dass Ihr Kind angenommen wurde, aber eine Essenseinladung ist wirklich nicht nötig.

【哪儿的话】　　nǎr de huà
Wovon redest du?

Chinesische Redewendungen leicht gemacht

说这话时是表示责备,或者客气,并不是字面上的意思。
Diese Redewendung bringt einen Vorwurf oder Höflichkeit zum Ausdruck, sie ist nicht wörtlich zu nehmen.

例1: 妻子:你还要这个家吗?
Bsp. 1: Frau: Brauchst du deine Familie eigentlich noch?

丈夫:哪儿的话?
Mann: Wovon redest du?

妻子:如果你要这个家,那你为什么老这么晚才回来?
Frau: Wenn du uns noch brauchst, warum kommst du dann immer erst so spät nach Hause?

丈夫:我不是忙吗?
Mann: Du weißt doch, dass ich viel zu tun habe.

妻子:忙,就你忙,你忙得连家都不要了。
Frau: Beschäftigt! Du bist so beschäftigt, dass du deine Familie vergisst.

丈夫:看,你又说哪儿去了,我这不是回来了吗?
Mann: Du redest schon wieder Unsinn. Bin ich jetzt nicht zu Hause?

例2: A:老李,听说你要换公司了?
Bsp. 2: A: Lao Li, ich habe gehört du wechselst die Firma?

B:对,下个星期就去上班。
B: Ja. Nächste Woche fange ich an.

A:去了新公司,别忘了哥们儿啊?
A: Vergiss uns nicht, wenn du dort bist.

B:哪儿的话?
B: Wie könnte ich!

【哪儿去】　　nǎr qù
Wohin gehst du?

问你哪儿去,不是要打听你的隐私,这和"你吃饭了吗"一样,也是一句平常的招呼,没有什么关系的话,你就告诉人家你真的去哪儿,如果有什么不方便的话,就可以说"出去一下",或"走走"之类的话来搪塞。

Diese Frage soll nicht Ihre Privatsphäre verletzen, sondern ist eine ganz normale Grußformel, so wie "Hast du gegessen?". Sie können sagen, wohin Sie gehen oder wenn Sie das nicht möchten, sagen Sie einfach "ich gehe raus" oder "spazieren".

例：A：哪儿去?
Bsp.：A：Wohin gehst du?
　　　B：去买点东西。你去吗?
　　　B：Einkaufen. Kommst du mit?
　　　A：我不去,我没有钱。
　　　A：Nein, ich habe kein Geld.
　　　B：我可以借你一点。
　　　B：Ich kann dir was leihen.
　　　A：不用了,我只是开个玩笑。
　　　A：Nein danke, ich mache nur Spaß.

【哪儿呀/哪儿跟哪儿呀/这是哪儿跟哪儿呀】　　nǎr ya/nǎr gēn nǎr ya/zhè shì nǎr gēn nǎr ya
Aber nicht doch！ / Ach was.

你是不是迷失方向了? 你在说什么呀? 你在做什么呀? 你一定不明白你在说(做)什么吧?

Haben Sie sich verlaufen? Wovon reden Sie? Was machen Sie

Chinesische Redewendungen leicht gemacht

gerade? Sie wissen bestimmt nicht, was Sie gerade sagen oder machen, stimmt's?

例1：A：王先生有好几天没来上班了，是不是病了？
Bsp. 1：A：Herr Wang war ein paar Tage nicht auf Arbeit. Ist er krank?

B：哪儿呀，他正在法院里呢。
B：Ach was, er ist jetzt bei Gericht.

A：在法院里干什么？
A：Was macht er denn da?

B：跟他的夫人闹离婚呗。
B：Er lässt sich scheiden.

例2： 老师：张小平，你的家庭作业交了吗？
Bsp. 2： Lehrer：Zhang Xiaoping, hast du deine Hausaufgaben abgegeben?

小平：老师，在这儿呢。
Xiaoping：Hier sind sie.

老师：我看看。你这是哪儿跟哪儿呀？昨天我讲课的时候你听了吗？
Lehrer：Lass mich mal sehen. Was soll das denn? Hast du gestern im Unterricht nicht zugehört?

【那还用说】　　nà hái yòng shuō
Selbstverständlich

是的，是这样的，不用再多解释了。
Ja, so ist es, es muss nicht weiter erklärt werden.

例1：A：如果政府有效地控制了人口的增长，中国的经济还是很有前途的。

Bsp. 1： A： Wenn die Regierung das Bevölkerungswachstum wirksam kontrolliert, dann sieht es mit Chinas Wirtschaft gut aus.

B：那还用说。

B：Selbstredend.

例2： A：我发现学习外语没有什么诀窍，只要肯下功夫，就行。

Bsp. 2： A： Ich habe herausgefunden, dass es keinen Kniff beim Sprachenlernen gibt. Man muss sich nur bemühen, dann klappt es.

B：当然，我学习外语就前后用了十多年的时间。

B： Natürlich, ich habe etwa 10 Jahre für das Sprachenlernen aufgewendet.

A：那时候一定很辛苦吧？

A： Das war bestimmt sehr mühsam.

B：那还用说，连谈恋爱的工夫都没有。

B： Aber klar. Ich hatte nicht mal Zeit, mich zu verlieben.

【难得难得】　　nándé nándé

selten

说这话时，一般总是带着某种语气，比如讽刺，夸奖。
Wenn Sie das sagen, sind Sie entweder ironisch oder loben jemanden.

例1：今天你做饭，真是难得。

Bsp. 1： Du kochst heute, das ist ungewöhnlich.

例2：他今天自己来买菜，难得难得。

Bsp. 2： Es ist wirklich ungewöhnlich, dass er heute selbst Lebensmittel kauft.

Chinesische Redewendungen leicht gemacht

【你别见怪】 nǐ bié jiànguài
Nimm es nicht krumm.

多用于为别人行为的不当表示道歉，意思是不要往心里去。
Das sagt man normalerweise, um sich für das Verhalten von jemandem zu entschuldigen und es bedeutet, dass man sich etwas nicht so zu Herzen nehmen soll.

例：A：孩子不懂礼貌，您别见怪。
Bsp.：A：Das Kind hat keine Ahnung von Höflichkeit, nimm es ihm nicht übel.
B：没关系，孩子嘛。
B：Kein Problem, es ist eben ein Kind.

【你看，…】 nǐ kàn,...
Wie du siehst...

"你看，我差点儿忘了"是我的过错，让"你看"说明"我"的开明，我是不怕自己揭自己的疮疤的，中国人总是那么谦虚，他们总是要"你看"他们的一些小过失或缺陷。
"Du siehst, ich hätte es fast vergessen" – es ist mein Fehler. Dass ich dich den sehen lasse heißt, ich bin offen. Keine Angst zu haben, seine Schwächen zu zeigen, das ist chinesische Bescheidenheit. Chinesen wollen ihre kleinen Fehler und Schwächen immer offen zeigen.

例1：你看，我这个人的记性多不好。
Bsp. 1：Wie du siehst, habe ich ein schlechtes Gedächtnis.
例2：你看，我又没有带钱。
Bsp. 2：Wie du siehst, habe ich schon wieder kein Geld dabei.
例3：A：老王，你不是说你的儿子考上大学了要请客吗？

Bsp. 3: A: Lao Wang, hast du nicht gesagt, du lädst uns ein, wenn dein Sohn an der Uni angenommen wurde?

B: 你看,你不提醒我倒忘了。

B: Siehst du, das hätte ich vergessen, wenn du mich nicht daran erinnert hättest.

【你是明白人(聪明人)】 nǐ shì míngbái rén (cōngmíng rén)
Du bist ein kluger Mensch.

说你是明白人(聪明人)时,意思是说"你不应该那么傻"或者"你必须再仔细地考虑一下你的打算或作法,不要犯糊涂"。

Wenn jemand zu Ihnen sagt "Du bist ein kluger Mensch", dann heißt das "Du solltest nicht so dumm sein" oder "Du musst noch einmal gründlich darüber nachdenken, sei nicht töricht".

例: A: 你说头儿气人不气人?

Bsp.: A: Glaubst du der Chef will uns ärgern?

　　B: 你是明白人,怎么跟他较真?

　　B: Du bist doch klug, warum nimmst du seine Worte für bare Münze?

　　A: 是,我是不该跟头儿来真格的,可是实在是太欺负人了。

　　A: Du hast Recht. Ich sollte mich beherrschen. Aber er schikaniert die Leute wirklich.

　　B: 明白点吧,跟头儿来真格的没有好果子吃。

　　B: Sei klug, es bringt nichts, sich mit dem Chef anzulegen.

【你这就见外了】 nǐ zhè jiù jiànwài le
Du betrachtest mich als Außenseiter.

对真正的朋友是用不着客气的,太客气就"见外"了。成语说"内

Chinesische Redewendungen leicht gemacht

外有别",如果不是因为年龄、业务等原因而被人太客气地对待了,你就应该想到,在这儿成了"外人"。

Zwischen echten Freunden sind Formalitäten nicht notwendig. Wenn man zu höflich ist, dann betrachten man den anderen als "Außenseiter". Eine Redensart sagt "Es gibt Unterschiede zwischen innen und außen". Wenn Sie nicht wegen Ihres Alters oder Ihrer Position höflich behandelt werden, dann bedeutet das, dass man Sie als Außenseiter betrachtet.

例:A:老李,明天晚上有时间吗?
Bsp.:A: Lao Li, hast du morgen Abend Zeit?

B:有什么事儿?
B: Was gibt es?

A:我在鸿宾楼请你吃饭.
A: Ich lade dich zum Essen ins Hongbin-Restaurant ein.

B:有什么原由吗?
B: Gibt es einen Grund?

A:有啊,对你多年来对我的关照表示感谢.
A: Ja, um dir zu danken, dass du dich all die Jahre um mich gekümmert hast.

B:你这样说就见外了.
B: Dann behandelst du mich ja wie einen Außenseiter.

【你真是/你也真是,…】 nǐ zhēn shì/nǐ yě zhēn shì,...
Also wirklich/Wie kannst du...

这两个短语都用在句子的开头,表示程度很轻的责备,往往有较亲切的意味。
Beide Redewendungen stehen am Satzanfang und bringen einen leich-

ten Vorwurf zum Ausdruck, meist in liebenswerter Art und Weise.

例1：你真是,这种事情怎么能随便乱说的呢？

Bsp. 1：Also wirklich, wie kannst du über so etwas so daherreden？

例2：妈妈：你怎么又哭了？宝贝儿？

Bsp. 2：Mutter：Warum weinst du schon wieder, mein Schatz？

儿子：我的数学只考了85分,爸爸说我是个笨蛋.

Sohn：In der Mathearbeit habe ich nur 85 Punkte und Papa hat gesagt, ich bin dumm.

妈妈：(对爸爸)你也真是,85分就不错了,你小时候能得几个85分哪？

Mutter：(zum Vater) Wie kannst du so was sagen, 85 Punkte sind doch gut. Wie oft hast du in der Schule 85 Punkte bekommen？

【漂亮/太棒了/太好了/好极了】 piàoliàng/tài bàng le/tài hǎo le/hǎo jí le

Hübsch！/Toll！/Klasse！/Großartig！

"漂亮"这个词并不是女性的专利,也可以用来形容一件事干得漂亮,像说"太棒了"一样。

"Hübsch" wird nicht nur für Frauen verwendet, es kann benutzt werden, wenn etwas gut gemacht wurde, so wie "Klasse！".

例1： 男：你不是最喜欢张惠妹吗？这有两张演唱会的票,送给你了。

Bsp. 1：Mann：Bist du nicht ein großer Fan von Zhang Huimei？

Chinesische Redewendungen leicht gemacht

  Hier sind zwei Karten für ihr Konzert. Ich schenk sie dir.

女：哇！太棒了！你真太好了！我该怎么谢你？

Frau：Wow! Das ist toll! Du bist klasse! Wie kann ich dir danken?

男：不用谢，亲我一下就行了。

Mann：Du musst mir nicht danken. Gib mir einfach einen Kuss.

女：啊？要求不低嘛。

Frau：Bitte? Du verlangst ganz schön viel.

例 2：A：经过三个回合的谈判，我们终于把这个合同签下来了。

Bsp. 2：A：Nach drei Verhandlungsrunden haben wir endlich den Vertrag unterzeichnet.

  B：好，干得漂亮！

  B：Gut gemacht!

【气色不错啊】 qìsè bú cuò a
eine gute Gesichtsfarbe haben

气色，指人的身体和精神状态。如果有人当着你的面谈论你的感冒，你的红眼病，你的咳嗽，你不必为此感到尴尬，你可以坦然地和你的中国朋友谈你遇到的问题，比方说你老打嗝儿，说不定他会告诉你一个迅速使你恢复常态的秘方呢。

"qise" bezeichnet den körperlichen und geistigen Zustand eines Menschen. Wenn jemand mit Ihnen Ihre gesundheitlichen Probleme – eine Erkältung, eine Bindehautentzündung oder Husten – bespricht, muss

Ihnen das nicht peinlich sein. Sie können ganz unbesorgt Ihre Probleme mit Ihren chinesischen Freunden besprechen. Haben Sie zum Beispiel ständig Schluckauf, dann können sie Ihnen vielleicht ein schnell wirkendes Geheimrezept verraten.

例1：A：啊,今天气色不错啊？有什么高兴的事？
Bsp. 1：A：Ah, du siehst heute gut aus. Gibt es irgendwelche guten Neuigkeiten?

B：你的气色也不错,你有什么高兴的事吗？
B：Du siehst auch gut aus. Was stimmt dich so fröhlich?

A：我嘛,保密。
A：Mich? Das ist ein Geheimnis.

B：你不说我也知道,你男朋友要从美国回来啦？
B：Auch wenn du es mir nicht sagst, weiß ich es. Dein Freund kommt aus den USA zurück.

A：你真是神通广大。
A：Du hast ja hellseherische Fähigkeiten.

B：啊,我只是猜猜,没想到歪打正着。
B：Ich habe nur geraten und gar nicht geglaubt, dass ich ins Schwarze treffe.

例2：A：昨天晚上没睡好吧？
Bsp. 2：A：Du hast nicht gut geschlafen, oder?

B：你怎么知道？
B：Woher weißt du das?

A：瞧你眼睛都肿了。
A：Sieh doch nur deine geschwollenen Augen an.

B：是没睡好,晚上老失眠。
B：Ich habe wirklich nicht gut geschlafen. Ich leide oft an Schlaflosigkeit.

Chinesische Redewendungen leicht gemacht

【岂有此理】　qǐ yǒu cǐ lǐ
ein starkes Stück/wo gibt es das denn?

据翻译家们说中文词"道理"在外文里常常难以找到一个确切的对译词。以伦理纲常治国的中华民族,为人处世都是要符合"道理"的。"岂有此理"就是"哪有这样的道理?",那当然是很严重的责骂了。

Übersetzer sagen, dass es keine passende Übersetzung für "daoli" in andere Sprachen gibt. China ist ein Land, das von Ethik und moralischen Prinzipien gelenkt wird und jedes Verhalten in der Gesellschaft muss diesen Prinzipien entsprechen. Wenn jemand Ihre Prinzipien hinterfragt, dann ist das ein schlimmer Vorwurf.

例1：他不工作,白拿钱,真是岂有此理。
Bsp. 1：Er arbeitet nicht und bekommt trotzdem Geld, wo gibt es das denn?

例2：公园里的门票越来越贵,可是服务项目越来越少,真是岂有此理。
Bsp. 2：Die Eintrittskarten für den Park werden immer teurer, aber der Service nimmt immer mehr ab. Das ist wirklich unglaublich.

【瞧你】　qiáo nǐ
Schau dich an

对某人的所作所为有不满意的地方时,一个常用的汉语责备格式是"瞧你…"。"瞧你弄的","瞧你做的","瞧你搞的","瞧你写的","瞧你修的"等。那就是说,你弄/做/搞/写/修得不好。把你的错处指出来,等于是揭了你的短处,俗话说,打人不打脸,揭人不揭短,这在中文里,是很不好意思的事情。不过,"瞧你说的"又是

另外一个意思,它意思是说"你这么说太客气了"或"你这么说我都不好意思了"。

Wenn man unzufrieden damit ist, was jemand gemacht hat, dann sagt man häufig "qiao ni". Oder auch "Schau, was du angestellt hast", "Schau, was du gemacht hast", "Schau, was du angerichtet hast", "Schau, was du geschrieben hast" oder auch "Schau, wie du das repariert hast". Das bedeutet, dass jemand das, was er machen sollte, nicht richtig erledigt hat. So wird also Kritik geübt, in dem jemandes Schwäche benannt wird. Im Volksmund heißt es "Schlag niemanden ins Gesicht, triff niemanden an seinem wunden Punkt", denn das stellt denjenigen bloß. Aber mit "qiao ni shuo de" verhält es sich anders, das bedeutet "Du bist zu höflich mit dem, was du sagst" oder "Ich fühle mich unwohl, wenn du so redest".

例1: 妈妈:儿子,你的作业做完了吗?
Bsp. 1: Mutter: Mein Sohn, hast du deine Hausaufgaben fertig?

儿子:早就做完了,你看看吧。
Sohn: Schon lange. Schau sie dir an.

妈妈:瞧你做的作业,十个题错了四个。
Mutter: Sieh dir die Hausaufgaben an, vier von zehn Aufgaben falsch.

例2: 老师:这个星期练习这个曲子了吗?
Bsp. 2: Lehrer: Hast du dieses Stück in dieser Woche geübt?

学生:练了,练了好多遍了。
Schüler: Ja, ganz oft.

老师:那么请你弹一弹。
Lehrer: Na dann spiel es bitte.

(学生演奏音乐)
(der Schüler spielt)

Chinesische Redewendungen leicht gemacht

老师：瞧你这弹的是什么呀，节奏不好，错了那么多，你是怎么练的？

Lehrer: Wie hast du nur gespielt. Der Rhythmus stimmt nicht, viele Fehler. Wie hast du denn geübt?

例3：A：小张，昨天来找你的是你男朋友吧？

Bsp. 3：A: Xiao Zhang, war das dein Freund, der gestern hier war?

B：算是吧。

B: Könnte man sagen.

A：小伙子真英俊啊，什么时候吃你们的喜糖？

A: Wirklich ein attraktiver junger Mann. Wann heiratet ihr?

B：瞧你说的，我都不好意思了。

B: Was du wieder sagst, da werde ich gleich rot.

【请别见笑／献丑了】 qǐng bié jiànxiào/xiànchǒu le

Bitte lacht nicht über mich. / seine Inkompetenz zur Schau stellen

当一个中国人说要献丑的时候，你可别以为他真的要折磨你的感觉器官，说不准他还是个大专家呢。其实这样的谦虚话里往往透着很强的自信。

Wenn Sie einen Chinesen sagen hören, dass er seine Inkompetenz zur Schau stellen wird, dann denken Sie nicht, dass er Ihre Sinnesorgane malträtieren wird. Er ist vielleicht sogar ein Experte auf dem Gebiet. Es ist einfach ein bescheidener Ausdruck und bringt starkes Selbstvertrauen des Sprechers zum Ausdruck.

例：A：老李，我听说你的京剧唱得很不错，怎么样，给大家来一段？

Bsp.：A: Lao Li, ich habe gehört, dass du gut Peking Oper singen kannst. Wie wäre es, wenn du etwas für uns singst.

B：不敢不敢。
B：Nein, nicht doch.
A：你别客气,来一段嘛!
A：Zier dich nicht, mach schon.
B：那好,请别见笑,我给大家献丑了。
B：Na gut, aber lacht nicht über mich, wenn ich meine Inkompetenz zur Schau stelle.

【请不要误会/你别多心】 qǐng bú yào wùhuì/nǐ bié duōxīn
Versteh mich nicht falsch./Sei nicht so empfindlich.

"误会"就是错误地领会,而多心则是过敏的意思。
"wuhui" bedeutet etwas missverstehen und "duoxin" empfindlich.

例1：我不是那意思,请不要误会。
Bsp. 1：Das habe ich nicht gemeint, bitte versteh mich nicht falsch.

例2：A：又来这儿干什么?你不是又有一个新的女朋友吗?
Bsp. 2：A：Warum bist du schon wieder hier? Hast du nicht schon wieder eine neue Freundin?

B：丽丽,不要误会,我不是那个意思,她是我过去的同学,最近她有点儿事情需要我帮忙。
B：Lili, du hast das falsch verstanden. So ist es nicht. Sie ist eine alte Schulfreundin und wollte, dass ich ihr bei etwas behilflich bin.

A：那你赶快去帮忙啊?说不定人家正等着你呢。
A：Warum gehst du dann nicht schnell hin und hilfst ihr? Vielleicht wartet sie auf dich.

B：你别多心,好不好?
B：Sei nicht so empfindlich. Ok?

Chinesische Redewendungen leicht gemacht

【去/去你的】　　qù/qù nǐ de

Halt den Mund.

你在说什么呀！快住嘴。（快别开那样的玩笑！）这话说的时候语气很重，其实并没有那么严重，这实际上是带有一定亲昵意味的责备。

Was sagst du? Halt schnell den Mund. (Hör schnell auf, solche Witze zu machen.) Das hört sich sehr heftig an, ist es aber nicht, es ist vielmehr sogar eine nette Zurechtweisung.

例1：A：张经理，董事长一辞职，就该是你当董事长了吧。
Bsp. 1：A：Manager Zhang, wenn der Geschäftsführer seinen Abschied nimmt, dann bist du für den Posten an der Reihe.
　　　B：去！瞎说什么呀你。
　　　B：Halt den Mund. Was redest du für ein Zeug.

例2：A：刘小姐，你的信。又是从北京寄来的，是不是"他"呀？
Bsp. 2：A：Fräulein Liu, hier ist ein Brief für Sie. Wieder aus Beijing. Ist der von "ihm"?
　　　B：去你的。我们是一般朋友罢了。
　　　B：Seien Sie still. Wir sind nur ganz normale Freunde.

【认倒霉吧/认命吧】　　rèn dǎoméi ba/rèn mìng ba

sich mit seinem Schicksal abfinden

不少人认为，人的一生很多事情都是命中注定的。当不愉快的事情发生时，最好的办法是接受它，说一句"认倒霉吧"，因为它是命运的安排。

Viele glauben, dass vieles im Leben vom Schicksal vorherbestimmt ist. Wenn etwas Unerfreuliches geschieht, dann ist es am besten, das zu akzeptieren und "sich mit dem Schicksal abzufinden".

例：A：不系安全带的多了，为什么单单罚我一个人呢？
Bsp.：A：So viele schnallen sich nicht an, warum muss aber nur ich eine Strafe bezahlen.

B：你被发现了，那就认倒霉吧。
Weil sie dich erwischt haben, finde dich einfach mit deinem Schicksal ab.

【什么风儿把你吹来的】　　shénme fēngr bǎ nǐ chuī lái de
Was treibt dich hierher?

这个比喻很生动，也很有趣，听起来还很美。
Das ist eine sehr lebendige, interessante Metapher, die sich sehr schön anhört.

例：A：谁呀？
Bsp.：A：Wer ist da?

B：是我们。
B：Wir sind's.

A：哎呀，是你们，今天是什么风把你们吹来的？
A：Ach ihr. Was treibt euch denn heute her?

B：好久不见，想你们了，来看看你们。怎么样，好吗？
B：Wir haben uns lange nicht gesehen. Wir haben euch vermisst und sind einfach mal vorbei gekommen. Geht es euch gut?

Chinesische Redewendungen leicht gemacht

A：我们很好，你们呢？
A：Ja, und euch?
B：我们也很好。
B：Uns geht es auch gut.

【什么时候吃你的喜糖/什么时候喝你的喜酒】
shénme shíhòu chī nǐde xǐtáng/shénme shíhòu hē nǐde xǐjiǔ
Wann ist die Hochzeit?

中国人结婚的时候，时兴的做法是买一些糖果给自己单位的同事们吃，说是"喜糖"，结婚时让人喝的酒当然就是"喜酒"了。
Bei einer Hochzeit ist es üblich, Süßigkeiten an die Kollegen zu verteilen, die sogenannten "Hochzeitssüßigkeiten", der Alkohol, der auf der Feier getrunken wird ist der "Hochzeitstrank".

例：A：小刘今年多大了？
Bsp.：A：Xiao Liu, wie alt bist du?
B：28。
A：怎么样，什么时候吃你的喜糖？
A：Und wann ist deine Hochzeit?
B：还早呐，我们准备新年结婚。
B：Es ist noch Zeit, wir wollen an Neujahr heiraten.
A：到时候，别忘了我，我可要来喝你们的喜酒。
A：Vergiss nicht mich zum Hochzeitstrank einzuladen, wenn es so weit ist.
B：那当然。什么时候喝你的喜酒？
B：Auf keinen Fall. Und wann ist es bei dir so weit?
A：我？我的酒三年以前就喝过了。
A：Bei mir? Das ist schon drei Jahre her.

【什么玩意儿】　　shénme wányìr
Schrott

被人当作玩意儿(玩具)说明地位很低下,在等级社会地位低下会被人看不起的。
Etwas als Spielzeug zu betrachten, bedeutet, dass es keinen Wert hat. Und wenn etwas in einer hierarchischen Gesellschaft nur von geringem Status ist, hält man davon nichts.

例：A：Z最近导演的一部电影你看了吗？
Bsp.：A：Hast du den letzten Film von Z gesehen？
　　B：看了,什么玩意儿？没意思透了。
　　B：Ja, der ist Schrott. Total schlecht.
　　A：可报纸上吹得那么厉害。
　　A：Aber in der Zeitung wurde er so gelobt.
　　B：也不知道电影发行公司花了多少钱做广告。
　　B：Ich möchte nicht wissen, wie viel Geld die Produktionsfirma in die Werbung gesteckt hat.

【什么意思】　　shénme yìsi
Was soll das heißen？

当有人没懂你的意思的时候,他会问你："我没懂你的意思。"或"你的意思是……？"而当有人用很短促语气问你"什么意思？！"时,那你就该当心了,因为,你已经冒犯了他。
Wenn jemand etwas nicht versteht, sagt er vielleicht："Ich habe nicht verstanden, was du gesagt hast" oder "Meinst du …？". Aber wenn jemand nur ganz kurz angebunden fragt "Was soll das heißen？", dann sollten Sie aufpassen, weil Sie den Sprecher gekränkt haben.

例1：A：(不小心踩了别人的脚)

Chinesische Redewendungen leicht gemacht

Bsp. 1：A：（ist aus Versehen jemandem auf den Fuß getreten）
　　　B：什么意思？
　　　B：Was soll das?
　　　A：啊，对不起，对不起。
　　　A：Entschuldigung. Es tut mir leid.
例2：A：（售票员）大家不要排队了，电影票已经没有了。
Bsp. 2：A：（Kartenverkäufer） Sie brauchen sich nicht mehr anzustellen, es gibt keine Kinokarten mehr.
　　　B：什么意思？那不是有很多的票吗？
　　　B：Was soll das heißen? Ist da nicht noch ein ganzer Stapel?
　　　A：这些票已经被人家买去了。
　　　A：Die sind alle vorbestellt.
　　　B：不像话，尽走后门。
　　　B：Ungeheuerlich, alle durch die Hintertür.

【事情过去了就过去了】　shìqíng guòqù le jiù guòqù le
Lass Vergangenes ruhen.

忘掉不愉快的过去，眼睛向前看（不是"向钱看"）。
Vergiss die unschöne Vergangenheit und schau nach vorn（aber nicht nach dem Geld）（"vorn" und "Geld" sind Homophone im Chinesischen）

例1：A：老李，您对我真是太好了，一想起过去我对你那么个态度，就过意不去。
Bsp. 1：A：Lao Li, Sie sind wirklich gut zu mir. Wenn ich daran denke, wie ich früher zu Ihnen war, dann ist mir das wirklich unangenehm.
　　　B：事情过去就过去了，还提它干什么？

B：Lass Vergangenes ruhen. Was bringt es jetzt noch, darüber zu sprechen?

例2：A：小李,你们小俩口昨天怎么吵起来了?

Bsp. 2：A：Xiao Li, warum habt ihr zwei euch gestern gestritten?

B：刘大妈,你说说,他总是一个人看自己的电视,一点儿家务也不干,孩子的学习也不管,还象个男人吗?

B：Tante Liu, was würdest du dazu sagen：Er schaut immer allein fern und macht nichts im Haushalt. Er kümmert sich auch nicht um die Schulangelegenheiten der Kinder. Ist das ein Mann?

A：好好儿说说他,不要吵,吵有什么用呢?

A：Red in Ruhe mit ihm, streitet nicht. Was bringt Streit?

B：没用就分开过算了。

B：Wenn es nichts bringt, dann trennen wir uns besser.

A：这是气话。事情过去就过去了,别想那么多,好好过日子吧。

A：Das sagst du, weil du wütend bist. Lass Vergangenes ruhen. Denk nicht so viel nach und versuch glücklich zu leben.

【手头紧】　　shǒutóu jǐn
abgebrannt sein

"手头紧"就是"缺钱花";相反"手头宽松"就是"钱有富裕"。有钱的人总是出手大方,中国人总是不愿意被人说成"小气鬼"的。

"shoutou jin" bedeutet kein Geld haben, andersherum heißt "shoutou kuansong" reich sein. Reiche Leute geben ihr Geld immer recht großzügig aus, niemand möchte Geizhals genannt werden.

例：A：爸,找您有点儿事。

Chinesische Redewendungen leicht gemacht

Bsp.：A：Vati, ich muss etwas mit dir besprechen.
　　　B：怎么了，手头紧了吧？
　　　　 Was gibt es? Bist du wieder knapp bei Kasse?
　　　A：您怎么知道的？
　　　　 Woher weißt du das?
　　　B："知子莫如父"，你一找我就准是跟我要钱，这已经是老习惯了。
　　　　 "Ein Vater kennt seinen Sohn am besten". Immer wenn du zu mir kommst, brauchst du Geld, das ist schon zur Gewohnheit geworden.

【恕不奉陪】　　shù bú fèngpéi

Entschuldigen Sie, dass ich Ihnen keine Gesellschaft leiste.

这话如果说重点儿，就是一句外交辞令，中文外交辞令有意思的是，表面听起来很客气，实际上是很不客气的，比如说"表示遗憾"，那实际是表示不同意见甚至是反对，说是"表示严重关注"，那表示对方已经做得太过分了。

Mit entsprechendem Nachdruck gesprochen, ist das ein ganz diplomatischer Ausdruck. Das Interessante an der diplomatischen Sprache ist, dass sie höflich klingt, aber das eigentlich gar nicht ist. Wenn jemand zum Beispiel sagt "wir bringen unser Bedauern über ... zum Ausdruck", dann heißt das, dass man nicht zustimmt oder anderer Meinung ist. Werden "starke Bedenken zum Ausdruck gebracht", dann ist die andere Seite zu weit gegangen.

例1：A：刘先生，我有点儿事，先走了，恕不奉陪。
Bsp. 1：A：Herr Liu, ich habe etwas zu erledigen. Ich muss mich verabschieden. Entschuldigen Sie, dass ich Ihnen keine Ge-

sellschaft leiste.

B：没关系，你忙去吧。

B：Kein Problem. Gehen Sie ruhig.

A：有什么事情，跟小李说，他是我的秘书。

A：Wenn es irgendwelche Probleme gibt, wenden Sie sich an meinen Sekretär Xiao Li.

例2：A：老板，请再给我一次机会吧.

Bsp. 2：A：Chef, bitte geben Sie mir noch eine Chancen.

B：我已经给你多次机会了，只怪你自己。你犯这么多过失，不是你的能力问题，而是你的工作态度问题。

B：Ich habe Ihnen schon so viele Chancen gegeben. Es ist Ihre eigene Schuld. Sie haben sich so viele Fehler geleistet. Das ist keine Frage Ihrer Fähigkeiten, sondern Ihrer Arbeitseinstellung.

A：下次，我一定……

A：Nächstes Mal, werde ich bestimmt ...

B：没有下一次了，对不起，我还有事，恕不奉陪。

B：Es gibt kein nächstes Mal. Tut mir leid, ich habe zu tun. Entschuldigen Sie, dass ich Ihnen keine Gesellschaft leiste.

【谁知】　　shuízhi

Wer hätte gedacht.../ Wer kann das ahnen.

"谁知"表示"谁也不知"，是出乎意料的意思，也是一种推卸责任的口气，尽管说话人不一定在推卸责任。

"Shui zhi" bedeutet "niemand weiß das" und bringt zum Ausdruck, dass etwas Unerwartetes geschieht. Es klingt ein bisschen so, als ob jemand die Verantwortung abwälzen möchte, auch wenn der Spre-

Chinesische Redewendungen leicht gemacht

cher sich gar nicht herausreden will.

例1：A：下雨了,你怎么出门不带伞？

Bsp. 1：A：Es regnet. Warum nimmst du keinen Regenschirm mit, wenn du raus gehst?

B：我前几天都带了伞,谁知没有下雨；今天出门的时候,听天气预报说没有雨,谁知却下雨了。

Ich hatte die letzten Tage immer einen Regenschirm dabei und nie hat es geregnet. Heute hat der Wetterbericht keinen Regen vorhergesagt. Wer kann ahnen, dass es regnen wird?

例2：老张俄文说得很好,可是现在只有英文最吃香。谈起他学习俄文的事,他总是说："唉,年轻的时候我本来是为了将来才学习俄文的,谁知现在没什么用呢？"

Bsp. 2：Lao Zhang spricht sehr gut Russisch, aber heutzutage ist nur Englisch gefragt. Immer wenn die Sprache auf das Russisch-Studium kommt, sagt er: "Ach ja, als ich jung war, habe ich Russisch für meine Zukunft gelernt. Wer hätte gedacht, das es heute nicht gebraucht wird."

【说不过去】　shuō bú guòqù
etwas ist nicht zu fassen/unentschuldbar

中国人容易宽恕别人,只要你有一个说的过去的理由。"说不过去"就说明你做得太过分了。

Chinesen vergeben schnell, wenn es eine Rechtfertigung gibt. "shuo bu guoqu" bedeutet, dass Sie zu weit gegangen sind.

例1：A：明天的晚会我不想去。

Bsp. 1：A：Ich möchte morgen nicht zur Party gehen.

87

B：你不去,说不过去。

B：Aber wenn du nicht gehst, dann ist das unentschuldbar.

A：不去,是有点说不过去,可是我不喜欢那种气氛。

A：Ich weiß, dass es nicht zu entschuldigen ist, aber ich mag so eine Atmosphäre einfach nicht.

B：你是主角儿,不去哪儿行呀? 你还是去吧,少呆会儿。

B：Du bist die Hauptperson, wie kannst du da fehlen? Du solltest gehen, du musst ja nicht so lange bleiben.

例2：A：老李明天生日,我们送他一把花儿吧。

Bsp. 2：A：Morgen ist der Geburtstag von Lao Li. Sollen wir ihm einen Strauß Blumen schenken?

B：送一把花儿说不过去吧?

B：Ich glaube ein Blumenstrauß ist etwas wenig.

A：那你说送什么好呢?

A：Was schlägst du vor?

B：怎么说也得送个蛋糕吧。

B：Wir sollten ihm zumindest eine Geburtstagstorte schenken.

【说来话长(说起来话长)】 shuō lái huà cháng (shuō qǐlái huà cháng)

Das ist eine lange Geschichte.

这是讲故事开头用的套话,也可以表示一个很长的解释时的用语。

Das ist eine Floskel, die am Beginn einer langen Geschichte steht, die man erzählen möchte, oder die eine lange Erklärung einleitet.

例：A：王先生,你这么喜欢音乐,为什么会选择田径作为自己的职业呢?

Chinesische Redewendungen leicht gemacht

Bsp.：A：Herr Wang, Sie mögen doch Musik so gern, warum haben Sie die Leichtathletik zu Ihrem Beruf gemacht?

B：哎,这事儿说起来话长啊。

B：Ach, das ist eine lange Geschichte.

【说实话/说心里话/说老实话/老实说】 shuō shíhuà/shuō xīnlǐ huà/shuō lǎoshí huà/lǎoshí shuō
ehrlich gesagt/um die Wahrheit zu sagen/offen gesagt

中国人喜欢开玩笑,也喜欢客套,所以平常对话中,真实的信息总是要打一些折扣的。当对话的一方想严肃点儿的时候,或者说想说点儿真话的时候,就会说:"说实话","说心里话",或"说老实话"等。

Chinesen lieben Scherze genauso wie Förmlichkeiten. Deshalb sollten Sie in einem Gespräch nicht alles ganz ernst nehmen. Wenn Ihr Gesprächspartner es ernst meint oder die Wahrheit sagen möchte, dann sagt er so etwas wie "ehrlich gesagt", "um die Wahrheit zu sagen" oder "offen gesagt".

例：A：你在这个公司干了好多年了吧?

Bsp. 2：A：Du arbeitest schon ziemlich lange für diese Firma, oder?

B：这么说吧,公司的老板换了五个,可我还是我。

B：Sagen wir mal so. Es gab schon fünf Chefs, aber ich bin immer noch da.

A：你一定很喜欢这儿的工作。

A：Dir gefällt die Arbeit hier sicher sehr.

B：说心里话,我并不喜欢,可是有什么办法呢?

B：Ehrlich gesagt, gefällt sie mir überhaupt nicht, aber was kann ich machen?

【说是这么说，可是…】 shuō shì zhème shuō, kěshì...
Es ist zwar so, aber...

有人说，中国人不太讲精确性，这话有一定的道理。虽然我们有那么多的制度呀，规定呀，规矩呀，但实际实行起来，往往要打折扣的，这就是说，"政策是死的，人是活的。"

Es gibt Stimmen, die behaupten, Chinesen würden Genauigkeit nicht so sehr schätzen. Ganz Unrecht haben sie nicht. Auch wenn es so viele Vorschriften und Regeln gibt, können sie doch keineswegs buchstabengetreu umgesetzt werden. Wie heißt es so schön："Die Politik ist tot, es lebe der Mensch."

例：A：今天我听到小李他们两口子吵架。

Bsp.：A：Ich habe heute gehört, dass Xiao Li und seine Frau sich jeden Tag streiten.

B：吵什么？

B：Warum das?

A：不知道，我只听见小李说，你走哇，走了才好呢。

A：Ich weiß nicht. Ich habe nur gehört, wie Xiao Li gesagt hat："Geh doch, das ist das Beste."

B：说是这么说，可是，要是真走了，小李就傻眼了。

B：Das hat er zwar gesagt, aber wenn sie wirklich ginge, würde er ganz schön dumm aus der Wäsche gucken.

【死心】 sǐ xīn
aufgeben

古人认为：心是思想的器官。心死了，自然也就失去了任何的希望。换句话说，不死心，就是不放弃希望的意思。

Im Altertum dachte man, dass mit dem Herzen gedacht wird. Wenn

Chinesische Redewendungen leicht gemacht

das Herz stirbt, dann ist damit auch alle Hoffnung verloren. Anders gesagt, wenn das Herz nicht stirbt, dann bedeutet das, dass man die Hoffnung nicht aufgibt.

例1：A：算了吧，我看你这个会计师资格考不过去的。

Bsp. 1：A：Vergiss es. Ich glaube nicht, dass du die Eignungsprüfung für Buchhalter bestehen wirst.

B：我一定要试试，40 岁以前我是不会死心的。

B：Ich will es unbedingt versuchen. Bevor ich 40 bin, werde ich nicht aufgeben.

例2：A：这孩子有一股犟劲儿，他认准的事儿，别人怎么劝说也没用的。

Bsp. 2：A：Das Kind ist wirklich stur. Niemand kann es aufhalten, wenn es sich mal etwas in den Kopf gesetzt hat.

B：除非他碰了一鼻子灰，不然他不会死心的。

B：Es wird erst aufgeben, wenn es auf die Nase fällt.

【算了算了…】　　suàn le suàn le
Lass es gut sein.

宽容忍让也是中国人崇尚的美德之一，因此，你常常可以听到"算了算了，"这样的说法，息事宁人吧。

Toleranz und Geduld sind chinesische Tugenden. Deshalb hört man oft "suan le suan le", was bedeutet, dass man um des Friedens willen nachgibt.

例：A：听说他借了你的钱，还不还。

Bsp. ：A：Ich habe gehört, dass er sich von dir Geld geliehen hat, aber es noch nicht zurückgezahlt hat.

B：是的，都借了半年了。

B：Ja, schon seit sechs Monaten.

A：要不要我跟你去说说？

A：Soll ich mal mit ihm sprechen?

B：算了算了，就几百元钱。没有那个必要。

B：Lass es gut sein. Für nur ein paar Hundert Yuan ist es nicht nötig.

例2：A：对不起，今天我又忘了带你要的书。

Bsp. 2：A：Entschuldigung, ich habe wieder vergessen, das Buch mitzubringen, das du haben wolltest.

　　B：算了算了，明天再说吧。

　　B：Schon in Ordnung. Bring es morgen mit.

例3：A：（出租汽车顾客），对不起，我找不到两角钱的零钱。

Bsp. 3：A：（Fahrgast）Entschuldigung, ich habe keine zwei Jiao Kleingeld.

　　B：（出租汽车司机）算了，就两角钱，不用找了。

　　B：（Fahrer）Schon in Ordnung. Lassen Sie die zwei Jiao.

【请随意/请随便/请你像在家里一样】　qǐng suíyì/qǐng suíbiàn/qǐng nǐ xiàng zài jiālǐ yíyàng

wie Sie wüschen/fühlen Sie sich wie zu Hause

俗话说，"礼多人不怪"，实际上礼多了人也会怪的。你去一位朋友家里，客客气气，彬彬有礼，反倒让朋友奇怪了。真正的朋友总是希望你"随便"一点儿，"像在家里一样"。

Es heißt "Niemand wird Ihnen zu viel Höflichkeit übel nehmen". So ganz stimmt das allerdings nicht. Wenn Sie bei Freunden eingeladen sind und sich zu höflich benehmen, dann werden Ihre Freunde das sehr eigenartig finden. Wahre Freunde wollen, dass Sie sich ganz ungezwungen benehmen und sich ganz zu Hause fühlen.

Chinesische Redewendungen leicht gemacht

例1：A：头儿，你要是还不给我房子，我炒你的鱿鱼。
Bsp. 1：A：Meister, wenn Sie mir immer noch keine Wohnung geben, dann kündige ich.

B：你请随便。
B：Wie Sie wünschen.

例2：来我家里，你请随便，像在家一样。
Bsp. 2：Fühlen Sie sich hier wie zu Hause.

【太过分了】　　tài guòfèn le
Das geht zu weit.

说话做事都要有个分寸，不能做得太过，不然就会被人责备为"太过分了"。

Bei Worten und Taten muss man das rechte Maß einhalten. Wenn man es übertreibt, dann wird einem vorgeworfen, dass man zu weit gegangen ist.

例1：A：真是太过分了，这么不讲理。
Bsp. 1：A：Das geht wirklich zu weit. Wie kann er so unvernünftig sein.

B：怎么啦？生这么大的气？
B：Was ist los? Warum bist du so wütend?

A：骑车撞人了，连对不起也不说。
A：Er hat mich mit seinem Fahrrad angefahren und nicht einmal entschuldigt.

B：是吗？你没关系吧？
B：Wirklich? Geht es dir gut?

  A：我没有什么事。

  A：Ja, alles in Ordnung.

  B：是太过分了。你也别生气了,生气对身体不好。

  B：Das ist wirklich zu viel. Aber sei nicht mehr wütend, das ist nicht gut für deine Gesundheit.

例2：A：你没睡好觉吧?
Bsp. 2：A：Du hast nicht gut geschlafen, oder?

  B：是的,昨天我一直工作到晚上一点。

  B：Nein, ich habe bis ein Uhr früh gearbeitet.

  A：你们老板一定给你双倍的工资。

  A：Da muss euer Chef euch aber doppelt bezahlen.

  B：哪里呀,我们老板只知道"剥削"我们。

  B：Ach wo. Unser Chef weiß nur, wie er uns ausbeuten kann.

  A：太过分了。

  A：Das geht wirklich zu weit.

【太破费了】 tài pòfèi le

sich in Unkosten stürzen

接受别人礼物的时候,只是说说"谢谢"是不是不太礼貌?在这种场合,说"你太破费了"似乎是最合适的了。

Wenn Sie ein Geschenk erhalten und nur "Danke" sagen, dann ist das etwas wenig. Sie sollten statt dessen sagen "Sie haben sich aber wirklich in Unkosten gestürzt", das ist angemessener.

例1：A：王老师,这是我们给您买的生日蛋糕,祝您生日快乐!
Bsp. 1：A：Lehrer Wang, wir haben für Sie diese Geburtstagstorte gekauft. Herzlichen Glückwunsch.

  B：这么大的蛋糕,太破费了。

Chinesische Redewendungen leicht gemacht

B：So eine große Torte, ihr sollt doch für mich nicht so viel Geld ausgeben.

例2：A：刘大妈,你看看这件毛衣合身不,这是我爱人给您老人家买的。

Bsp. 2：A：Tante Liu, probier mal, ob dieser Pullover passt. Meine Frau hat den für dich gekauft.

B：这个小张,买毛衣干什么,一定花了很多钱吧,太破费了。

B：Diese Xiao Zhang, warum kauft sie mir einen Pullover? Der war bestimmt teuer. Das war wirklich nicht nötig.

【讨厌/可恶/可气】 tǎoyàn/kěwù/kěqì
unverschämt/abscheulich/lästig

有人惹你生气的时候可以说什么呢？还有碰到倒霉事的时候？以上这几个都可以供你出出气。

Was sagt man, wenn man auf jemanden wütend ist? Oder Pech hat? Mit den oben genannten Wendungen können Sie sich Luft machen.

例1：这个卖瓜的真可气,卖的瓜那么贵,还没熟。

Bsp. 1：Dieser Verkäufer ist wirklich unverschämt. Seine Wassermelonen sind teuer und dann auch noch unreif.

例2：讨厌！你怎么把我的书弄脏了。

Bsp. 2：Igitt, wie hast du mein Buch so schmutzig gemacht?

【托您的福】 tuō nínde fú
Dank dir

因为有了你,我才有今天的福气,好运道。说话人自己夸耀了自己的好,也让听者感到莫大的舒服。

Dank dir hatte ich heute Glück. Der Sprecher prahlt mit diesen

95

Worten und schmeichelt zugleich dem Zuhörer.

例1：A：老弟,听说你发了。

Bsp. 1：A：Hallo mein Freund, ich habe gehört, du bist reich geworden.

B：托您的福,赚了点小钱。

B：Dank dir habe ich ein bisschen Geld gemacht.

例2：A：老爷子,你气色真好,越活越年轻了。

Bsp. 2：A：Opa, du siehst gut aus. Du wirst jeden Tag jünger.

B：托你的福,身体挺好的。

B：Dank dir geht es mir gut.

【万一…】　　wànyī…

Für den Fall, dass. . . /falls doch

成语说："不怕一万就怕万一"。喝孔子墨水两千多年的中国人,有的时候是少了点儿冒险精神,当他们面临决策的时候,总会来一句"万一…",表示自己的担心或周全,或者以此来减少自己的责任。

Ein Sprichwort lautet "wir haben keine Angst vor zehntausend, aber vor Eventualitäten". （wenn die Wahrscheinlichkeit 1 zu 10000 beträgt）Die Chinesen, die seit mehr als 2000 Jahren von Konfuzius beeinflusst werden, sind manchmal nicht so abenteuerlustig. Wenn sie vor einer Entscheidung stehen, sagen sie "wan yi…" und drücken damit ihre Sorge aus oder wollen damit ihre Verantwortung verringern.

Chinesische Redewendungen leicht gemacht

例1：A：这电视这么便宜，我们买了吧。
Bsp. 1：A：Der Fernseher ist so billig, lass ihn uns kaufen.
   B：万一明天还便宜呢？
   B：Und was, wenn er morgen noch billiger ist?
例2：A：这个项目太冒险，我们还是再考虑考虑吧。
Bsp. 2：A：Dieses Projekt ist zu riskant. Lass uns noch mal darüber nachdenken.
   B：机不可失，时不再来，别再犹豫了。
   B：Solche Gelegenheiten sind selten. Zögere nicht.
   A：万一出了问题，怎么办？
   A：Und was, wenn etwas schiefgeht?
   B：出了问题，我负责任。
   B：Ich übernehme die Verantwortung.

【我的天/我的妈呀/我的老天爷】 wǒde tiān/wǒde mā ya/wǒde lǎotiānyé

Meine Güte! Mein Gott!

人在碰上突如其来，措手不及的事情，会向神求救。只是基督教国家的人叫："我的上帝！"中国人则叫"我的天"，"我的妈呀"。

Wenn etwas Unerwartetes geschieht, dann fragen die Menschen die Götter um Rat. Christen sagen："Mein Gott！", Chinesen "Meine Güte！"

例1： 儿子：妈妈，我回来了。
Bsp. 1： Sohn：Mama, ich bin zurück.
   妈妈：我的妈呀，你去哪儿了，怎么弄得这么脏？
   Mutter：Meine Güte, wo warst du denn? Wie hast du dich so

schmutzig gemacht?

例2：顾客：这件衣服多少钱？
Kunde: Wie viel kostet dieses Kleidungsstück?
小贩：八百元。
Verkäufer: 800 Yuan.
顾客：我的天,这么贵。
Kunde: Mein Gott, so teuer.
小贩：这还贵呀？
Verkäufer: Das finden Sie teuer?
例3：我的老天爷,这雨什么时候能停啊？
Bsp. 3: Meine Güte, wann hört bloß der Regen auf?

【我哪儿敢啊】　　wǒ nǎr gǎn a

Wie könnte ich es wagen?

这个设问在回答了自己不敢的同时,还表示了对方的威严和说者的敬畏,让人听了既放心又满意,不过有时也能听出一些暗含的嘲讽之意。

Mit dieser rhetorischen Frage bringt der Sprecher zum Ausdruck, dass er etwas nie wagen würde zu tun. Gleichzeitig zeigt sie die Ehrfurcht und den Respekt des Sprechers dem Hörer gegenüber. Diese Frage beruhigt den Hörer und gibt ihm ein Gefühl der Zufriedenheit, allerdings hat sie manchmal auch einen sarkastischen Unterton.

例：　妻子：好哇,你瞒着我存私房钱。
Bsp.:　Frau: Du hast hinter meinem Rücken heimlich Geld gespart.
　　　丈夫：我哪儿敢啊？
　　　Mann: Wie könnte ich es wagen?
　　　妻子：你不敢,那这是什么？

Chinesische Redewendungen leicht gemacht

Frau：Und was ist das?
丈夫：这,是我的零花钱呀,你上个星期批准的,忘了?
Mann：Das ist das Taschengeld, das du mir letzte Woche genehmigt hast. Schon vergessen?

【无可奉告】　　wú kě fèng gào
Kein Kommentar!

说这句话的人,要么是生气了,要么就是一个外交官。
Diplomaten oder jemand der wütend ist, benutzen diese Redewendung.

例：A：有什么消息,透露一点。
Bsp.：A：Irgendwelche Neuigkeiten, die du mir erzählen kannst?
　　　B：对不起,无可奉告。
　　　B：Tut mir leid, kein Kommentar.
　　　A：对我还保密?
　　　A：Sogar vor mir hast du Geheimnisse?
　　　B：不是对你保密,实在是无可奉告。
　　　B：So ist es nicht, es gibt nur nichts zu erzählen.

【无所谓 】　　wú suǒwèi
Es ist mir egal.

"无所谓"体现了中国人的道家思想。对待得失,利害显示出的大度与超然的态度。塞翁失马,焉知非福呢?
Diese Redewendung verkörpert daoistisches Denken – eine großherzige und losgelöste Haltung in Bezug auf Gewinn und Verlust, Erfolg und Niederlage. So wie in der Geschichte vom alten Mann im Grenzgebiet, der sein Pferd verliert und dennoch nicht verzweifelt, denn schließlich könnte das auch eine glückliche Fügung sein (sein altes Pferd kehrt zusammen mit ei-

nem Rennpferd zu ihm zurück).

例1：A：老板说了，明天你再不去上班,单位就开除你了。

Bsp. 1：A：Der Chef hat gesagt, dass du entlassen wirst, wenn du morgen wieder nicht zur Arbeit kommst.

　　　　B：无所谓。

　　　　B：Mir egal.

例2：A：我想买点儿香蕉。

Bsp. 2：A：Ich möchte ein paar Bananen.

　　　　B：我这儿有,这两种,你看,买哪种？

　　　　B：Ich habe hier zwei Sorten. Welche möchten Sie？

　　　　A：买这好点儿的。

　　　　A：Die besseren.

　　　　B：好点儿的贵些。

　　　　B：Die sind aber etwas teurer.

　　　　A：便宜还是贵点儿倒无所谓。

　　　　A：Das macht nichts.

【瞎忙／瞎混】　xiā máng/xiā hùn

herumhantieren, herummursken, ziellos dahinleben

中国人有谦虚的习惯,这您也许知道,但有时谦虚得也许让您吓一跳。

Wie Sie wissen, sind Chinesen sehr bescheiden, manchmal sogar so sehr, dass einem Angst und Bange wird.

例1：A：好久不见你了,在哪儿发财呀？

Chinesische Redewendungen leicht gemacht

Bsp. 1：A：Lange nicht gesehen. Wobei bist du denn zu Geld gekommen?
B：咳，发什么财，净瞎忙。
B：Ich reich geworden? Ich wurstele nur so vor mich hin.

例2：A：最近怎么样？
Bsp. 2：A：Wie geht es dir so?
B：瞎混呗。
B：Ich lass mich so dahin treiben.

【想开点儿／别老放在心上】 xiǎng kāi diǎnr/bié lǎo fàng zài xīn shàng

Nimm es leicht. / Nimm es nicht so ernst.

人要活得洒脱，你尊敬的人去世了，也不要过于悲伤，人总是有一死的；你一时失业了，总会找到你想要的工作；你失恋了，说不准以后找的才是你真正的意中人，俗话说，不要在一棵树上吊死。
Wir sollten ungezwungen leben und nicht so sehr in Trauer verfallen, wenn ein geliebter Mensch verstirbt. Wir sind alle sterblich. Auch wenn Sie die Arbeit verlieren, lassen Sie den Kopf nicht hängen, Sie werden eine neue finden. Seien Sie nicht betrübt, wenn Sie Liebeskummer haben, wer weiß ob Sie nicht jetzt Ihren Traumpartner finden. Machen Sie es so wie der Volksmund sagt："Häng dich nicht an einem Baum auf."

例1：A：真倒霉，昨天我赔大了。
Bsp. 1：A：Mist, gestern habe ich viel verloren.
B：什么？是不是玩股票被套住了？
B：Wie? An der Börse?
A：是呀，我三天赔了四千多，真晦气！
A：Ja, in den letzten drei Tagen habe ich über 4000 Yuan ver-

        loren. Wirklich Pech!

    B：怎么搞的？你不是一直很顺的吗??

    B：Wie ist das denn passiert? Lief nicht sonst immer alles glatt?

    A：是啊，以前是赚了点小钱，可这几天也太惨了。

    A：Ja, sonst hatte ich immer Gewinne, aber die letzten Tage waren wirklich furchtbar.

    B：想开点儿，有赚就有赔嘛，别放在心上。

    B：Nimm es dir nicht so zu Herzen. Wo Gewinne sind, gibt es auch Verluste.

例2：A：怎么不高兴了？

Bsp. 2：A：Warum bist du so traurig?

    B：哎，女朋友和我吹了。

    B：Meine Freundin hat sich von mir getrennt.

    A：是吗？你们不是很好的吗？

    A：Wirklich? Habt ihr euch nicht immer gut verstanden?

    B：咳，她说我没有房子，结了婚连住的地方都没有。

    B：Sie hat gesagt, ich habe kein Haus. Also wissen wir nicht, wo wir nach der Hochzeit wohnen sollen.

【小意思】 xiǎo yìsì
Nur eine Kleinigkeit.

事情太小，轻而易举就可以做到。

Das ist eine Sache, die sich einfach erledigen lässt.

例：A：你能在十分钟之内看完这份报告吗？

Bsp.：A：Kannst du den Bericht in 10 Minuten fertig lesen?

    B：小意思。

    B：Kein Problem.

Chinesische Redewendungen leicht gemacht

【辛辛苦苦】　xīn xīn kǔ kǔ
Sich abrackern/anstrengend

汉语里常用味觉来形容感受,如心酸表示哀伤,甜美用来形容微笑或长相,还有生活的酸甜苦辣等。另外重叠往往用来加强语气,比如"高高兴兴"和"干干净净"就比"高兴"和"干净"的程度要强。

Im Chinesischen werden häufig bestimmte Geschmacksrichtungen verwendet, um Gefühle zu beschreiben. Sauer bedeutet zum Beispiel Trauer, süss steht für ein Lächeln oder das Aussehen. Tian suan ku la ist ein Ausdruck, der die Wechselfälle des Lebens beschreibt. Eine Verdoppelung von Adjektiven bewirkt eine Verstärkung, wie zum Beispiel "gaogao-xingxing" oder "ganganjingjing". Beides bringt ein höheres Ausmaß als "gaoxing" bzw. "ganjing" zum Ausdruck.

例：王老师辛辛苦苦一辈子,到老了还什么都没有。
Bsp.：Lehrer Wang hat sich sein ganzes Leben lang abgerackert, aber am Ende besitzt er doch nichts.

【一点儿小意思】　yì diǎnr xiǎo yìsi
ein symbolisches Geschenk

"意思"翻译成英文就是 meaning,可有时候,它的意思是"礼物"。你送给别人一件礼物的时候,你说那是"一点儿小意思"。就是说,没花几个钱,不是什么"大意思"。

"yisi" bedeutet im Deutschen "Sinn, Bedeutung", manchmal aber auch "Geschenk". Wenn Sie jemandem etwas schenken, dann sagen

Sie "Es ist nur ein symbolisches Geschenk". Sie wollen damit ausdrücken, dass Sie nicht viel dafür ausgegeben haben, es also keine "große Sache" ist.

例1：A：小刘,恭喜你生了个女儿！这是我们的一点儿小意思。
Bsp.1：A：Xiao Liu, gratuliere zum Baby. Hier ist eine Kleinigkeit.
　　　B：你太客气了。谢谢了！
　　　B：Das ist wirklich nett, vielen Dank.
例2：A：妈妈,今天是我的生日,我的生日你最辛苦,我给你买了个小礼物。
Bsp.2：A：Mama, heute habe ich Geburtstag. Und den verdanke ich dir, also habe ich dir ein kleines Geschenk gekauft.
　　　B：什么礼物？
　　　B：Was für ein Geschenk?
　　　A：你看看,中意不？
　　　A：Schau mal. Gefällt es dir?
　　　B：放大镜！妈妈的眼镜不行了,看报纸用得着一个放大镜。谢谢你,儿子。
　　　B：Eine Lupe! Meine Brille reicht nicht mehr. Zum Zeitungslesen brauche ich wirklich eine Lupe. Vielen Dank, mein Sohn.
　　　A：不用谢,一点儿小意思。
　　　A：Gern. Es ist ja nur etwas ganz Kleines.

【…又不是外人】　　yòu bú shì wàirén
… ist kein Fremder

中国人一向讲究内外有别,不是外人,就是自家人的意思,换句话说,自家人就不必客气了。

Chinesische Redewendungen leicht gemacht

Chinesen unterscheiden zwischen Innen- und Außenseitern. Ist jemand kein Fremder, dann wird er wie ein Familienmitglied behandelt. Oder anders gesagt, Familienmitgliedern gegenüber kann man sich ganz ungezwungen verhalten.

例1：A：老这样麻烦你，真不好意思。
Bsp. 1：A：Es tut mit wirklich leid, dass ich dich immer belästige.
　　　B：别客气，我又不是外人。
　　　B：Kein Problem, ich bin doch kein Fremder.

例2：A：老刘，快请坐，我去给你沏茶。
Bsp. 2：A：Lao Liu, bitte setzt dich, ich mache dir Tee.
　　　B：客气什么，我又不是外人。
　　　B：Mach dir keine Umstände, ich bin doch kein Fremder.
　　　A：是不是外人，可是你多长时间了都不来我家一次。
　　　A：Ich weiß, aber ein seltener Gast.

【有没有搞错啊】　　yǒu méiyǒu gǎo cuò a
Bist du verrückt? / Da liegst du wohl total daneben.

这本不是一句"普通话"，它来自香港或别的什么地方。80年代后期以来，随着广东经济的崛起和深圳等特区人的经济生活的火爆，广东话成为时髦语言，一些"老广"的口头语也进入了普通话的词典。
Diese Redewendung stammt ursprünglich aus Hongkong oder von woanders. Mit dem wirtschaftlichen Aufschwung von Guangdong in den 1980er Jahren und Wohlstand in Shenzhen und anderen Wirtschaftssonderzonen kam das Kantonesische in Mode und damit fanden auch einige Redewendungen Eingang in das Hochchinesische.

例：A：请问，你是不是一中的芳芳老师？

Bsp.：A：Entschuldigung, sind Sie Lehrerin Fangfang von der Mittelschule Nummer 1?

B：是,我是芳芳。

B：Ja, bin ich.

A：芳芳老师,你虽然不认识我,可我早就知道你了,可以交个朋友吗?

A：Fangfang, Sie kennen mich nicht, aber ich habe schon viel von Ihnen gehört. Ich würde gern mit Ihnen Freundschaft schließen.

B：您有什么事吗?

B：Was wollen Sie?

A：请你收下我的小礼物。

A：Bitte nehmen Sie dieses kleine Geschenk an.

B：(打开包装,是一朵玫瑰)先生,你有没有搞错啊?我的孩子都已经上学了,神经病!

B：(öffnet das Päckchen, es ist eine Rose) Sind Sie verrückt? Ich habe schon ein großes Kind. Sie spinnen wohl?

【原来是这样/我说呢】　　yuánlái shì zhèyàng/wǒ shuō ne
So ist das eigentlich

例1：A：你别生气,听我慢慢地告诉你。

Bsp. 1：A：Werd nicht böse, hör mir einfach zu.

B：告诉我什么?那么多钱你说拿走就拿走了。

B：Was willst du mir sagen? Du hast einfach das ganze Geld genommen.

A：钱,我没有丢,也没有花,小张的妈妈突然去世了,他刚工作没有什么钱,家里又困难,是我借给他了。

A：Das Geld ist nicht verloren, ich habe es auch nicht aus-

Chinesische Redewendungen leicht gemacht

gegeben. Die Mutter von Xiao Zhang ist plötzlich gestorben. Weil er gerade angefangen hat zu arbeiten, hat er kein Geld. Und seine Familie ist auch nicht reich, also habe ich es ihm geliehen.

B：原来是这样,你怎么不早说呀？

B：Ach so ist das. Warum hast du das nicht eher gesagt?

A：我想早说,可是我担心你不肯呀。

A：Ich wollte ja, aber ich habe gedacht, dass du nicht einverstanden wärest.

例2：A：李教授真怪呀,一辈子都没有结婚。

Bsp.2：A：Professor Li ist wirklich komisch. Er war sein ganzes Leben lang nicht verheiratet.

B：他年轻时谈过恋爱,他们还是同学呢,可是有一次,他们去做社会调查,他的恋人被洪水淹死了,李教授就一辈子没有结婚了。

B：Als er jung war, war er mal mit jemandem zusammen, mit einer Kommilitonin. Aber bei einer Feldforschung ist seine Freundin beim Hochwasser ums Leben gekommen. Und dann hat er nie geheiratet.

A：原来是这样。

A：Ach so war das.

【有病(有毛病)】　　yǒu bìng (yǒu máobìng)
Du bist ja krank!

说人"有病"是在骂人,就是说某人"不正常",就跟英语说人是"nuts"一样,中文也有神经病的说法。因此,有人生病的时候说话一定要当心,要说××病了,而千万别说成人家有病。

Es ist eine Beschimpfung, wenn Sie zu jemandem sagen "you bing",

das bedeutet, dass jemand nicht normal ist. So wie man auch im Deutschen manchmal sagt "Du bist ja krank!". Wenn jemand krank ist, müssen Sie darauf achten, was Sie sagen, also nicht "you bing" sondern "xxx bing le".

例：你有病呀，在走廊里大叫什么？
Bsp.：Spinnst du? Hier im Korridor so rumzuschreien!

【有完没完】 yǒu wán méi wán?
Bist du fertig?

在吵架的时候常听到这句话，表示不耐烦，无法忍受。
Diese Redewendung hört man meist in Streitereien und sie drückt aus, dass man keine Geduld mehr hat und etwas nicht mehr erträgt.

例1：A：你有完没完呀，换衣服换了半个小时。
Bsp.1：A：Bist du fertig? Seit einer halben Stunde ziehst du dich um.
　　　B：这就好了。
　　　B：Ich bin gleich fertig
例2：（两人吵了很久）(zwei Personen haben sich lange gestritten)
Bsp.2：A：你把话说清楚。
　　　　Ich möchte eine klare Aussage.
　　　B：你有完没完呀？
　　　　Hast du noch nicht genug?
　　　A：没完，就是没完。
　　　　Nein, noch nicht.

Chinesische Redewendungen leicht gemacht

Z

【砸了】　　zá le

etwas ist misslungen/verpatzt

"砸了"就是搞糟了。前面可以加一个动词,如演出"演砸了",考试"考砸了",某个活动"搞砸了"等。
"za le" bedeutet etwas verpatzen. Davor kann ein Verb stehen, zum Beispiel "yanza le", "kaoza le" oder "gaoza le".

例： 这件事情很重要,交给小李恐怕不合适,他太年轻,上次组织晚会他就搞砸了。

Bsp.： Das ist eine wichtige Sache. Es ist besser, sie nicht an Xiao Li zu übergeben, er ist zu jung. Die Party, die er letztes Mal organisiert hat, ging auch daneben.

【再…就不客气了】　　zài… jiù bú kèqì le

Das nächste Mal bin ich nicht mehr so nett, wenn du wieder…

例1： 你要再不改,我就不客气了。

Bsp.1： Wenn du dich nicht änderst, bin ich das nächste Mal nicht mehr so nett zu dir.

例2：A：老板说了,你要是再迟到,公司就不客气了。

Bsp.2：A：Der Chef hat gesagt, wenn du noch mal zu spät kommst, dann kannst du was erleben.

　　　B：老板是这么说的吗？可是老板总是迟到呀。

　　　B：Das hat er gesagt? Aber er kommt doch selbst immer zu spät.

A：你真逗,老板是老板,你怎么能跟他比呢?
A：Du bist wirklich dumm. Chef ist Chef, wie kannst du dich mit ihm vergleichen?
B：怎么不能,明儿我也当老板去。
B：Warum nicht, irgendwann werde ich auch mal Chef sein.

【再说吧/以后再说吧】 zài shuō ba/yǐhòu zài shuō ba
Lass uns später darüber sprechen.

你求人办事,当听到"以后再说吧"的时候,你可不要误会,以后再说就是说不定以后也"不说"了,那意思是"这件事就这样,算了吧."

Wenn Sie jemanden um einen Gefallen bitten und dann als Antwort hören "Lass uns später darüber sprechen", verstehen Sie das nicht falsch. Es kann bedeuten, dass später "nicht mehr darüber gesprochen wird". Es bedeutet ganz einfach "Die Sache ist eben so, also vergiss es."

例1：A：老板,对不起,打扰你了,我可以问一个问题吗?
Bsp.：A：Chef, darf ich kurz stören, ich habe eine Frage.
B：当然可以。请!
B：Natürlich, bitte.
A：嗯,我今年的工资还是和去年的一样多,您知道吗?
A：Wissen Sie, dass mein Gehalt dieses Jahr genau so hoch ist wie letztes?
B：这个我不太清楚,你先把这个干好,这事再说吧。
B：Das weiß ich nicht so genau. Machen Sie erst mal Ihre Arbeit ordentlich, dann sprechen wir später noch mal darüber.

Chinesische Redewendungen leicht gemacht

【糟糕/坏了/糟了】 zāogāo/huài le/zāo le!

Mist! So ein Pech!

例1：坏了，坏了，都八点了，我们迟到了。

Bsp. 1: Mist, es ist schon 8 Uhr. Wir kommen zu spät.

例2：糟了，我的车钥匙丢了。

Bsp. 2: Mist, ich habe meinen Fahrradschlüssel verloren.

例3：糟透了，下这么大的雨，我忘了带雨伞。

Bsp. 3: So ein Mist, es gießt und ich habe meinen Regenschirm vergessen.

【怎么搞的】 zěnme gǎo de

Wie das denn?（**für negative Ergebnisse**）

例1：怎么搞的，车快开了，他还没来。

Bsp. 1: Was ist denn da los? Der Zug fährt gleich und er ist noch nicht da.

例2：A：你是怎么搞的，这事弄得一团糟。

Bsp. 2: A: Was hast du denn da gemacht? Das ist ja das totale Chaos.

B：对不起，我没想到会是这样。

B: Entschuldigung, das wollte ich nicht.

【怎么说呢】 zěnme shuō ne

Wie soll ich das sagen, ...

一时找不到适当的词儿，或者给自己一点时间考虑考虑再说。

Wenn Sie nach dem passenden Wort suchen oder sich ein wenig Bedenkzeit geben wollen, können Sie diese Wendung verwenden.

例：A：换了工作单位以后，你是不是觉得强多了？

Bsp.: A: Fühlst dich jetzt besser, nachdem du die Arbeitsstelle

   gewechselt hast?
B：怎么说呢，有得也有失吧。
B：Wie soll ich das sagen, es hat Vor- und Nachteile.

【招待不周】　　zhāodài bù zhōu
Nicht aufmerksam genug sein

你去一个中国朋友家里做客，不管他用什么样的山珍海味招待你，临走的时候，主人总喜欢说"招待不周"之类的话，你不要以为主人真的在表示道歉，实际上那只是一些客套而已，这正像你刚进门时主人总要说"对不起，屋子里太乱了"之类的话一样。

Wenn Sie bei chinesischen Freunden zu Gast sind, sagt der Gastgeber zum Abschied meist so etwas wie "ich war nicht aufmerksam genug", ganz gleich welche Delikatessen angeboten wurden. Verstehen Sie das nicht als Entschuldigung, es ist nur eine Höflichkeitsfloskel, so wie der Gastgeber sagen wird "Entschuldigung, hier ist es sehr unordentlich", wenn Sie die Wohnung betreten.

例：A：我们该走了。
Bsp.：A：Wir müssen jetzt gehen.
　　　B：多玩会儿吧，吃了晚饭再走。
　　　B：Bleibt doch noch zum Abendessen.
　　　A：不了，孩子他爷爷在家，我们得回去给他做饭。
　　　A：Das geht nicht, Großvater ist zu Hause, wir müssen ihm etwas zu essen machen.
　　　B：招待不周，请包涵。下次再来玩。
　　　B：Entschuldigt, dass ich euch nicht mehr anbieten konnte. Kommt bald wieder vorbei.
　　　A：谢谢你们，太打扰了。再见！

Chinesische Redewendungen leicht gemacht

A：Danke, vielen Dank für die Mühe. Tschüß.

【这儿没有外人】 zhèr méiyǒu wàirén

Du bist unter Freunden.

你叫某人说话或做某事时，希望他不要担心有什么不方便，就告诉他但说无妨，没有他应该提防的人。

Das wird gesagt, wenn jemand aufgefordert wird, etwas zu sagen oder zu tun, ohne dass es ihm unangenehm sein muss. Nichts ist zu befürchten und niemand ist da, vor dem man sich in Acht nehmen muss.

例1：A：老张，你刚才为什么一言不发？一定是对我们的合同有意见。

Bsp. 1：A：Lao Zhang, warum hast du gerade nichts gesagt? Du hast bestimmt eine andere Meinung zu unserem Vertrag.

B：这儿说方便吗？

B：Ist hier der richtige Ort dafür?

A：没问题，这么没有外人。

A：Kein Problem, wir sind unter uns.

例2： 经理：各位，今天在这儿我把今年我们公司的经营情况说一说，反正这儿也没有外人，我们的情况很不妙啊！

Bsp. 2：Manager：Liebe Kollegen, ich möchte Sie heute über das Geschäft unserer Firma in diesem Jahr informieren. Da wir unter uns sind, kann ich es gleich sagen：Es sieht nicht gut aus.

【这么说】 zhème shuō

Das heißt also,...

说"这么说"的时候，"说"字拖得长一些，表示接下来要说的是你

的判断。

Beim Sprechen wird "shuo" langgezogen, um anzuzeigen, dass als nächstes eine Einschätzung des Sprechers folgt.

例1：A：这么说,你的作业还没有做?

Bsp. 1：A：Das heißt also, dass du deine Hausaufgaben noch nicht fertig hast?

　　　B：是的,今天放学太晚了。

　　　B：Ja, heute war erst spät Schulschluss.

例2：A：我们家从来不吃猪肉。

Bsp. 2：A：Unsere Familie isst nie Schweinefleisch.

　　　B：这么说,你们家是穆斯林了?

　　　B：Dann seid ihr also Muslime?

　　　A：不,我爸妈是蒙古人,从小吃羊肉长大的。

　　　A：Nein, meine Eltern sind Mongolen. Wir haben von klein auf Hammelfleisch gegessen.

例3：A：爸爸,我想参加学校组织的乐队。

Bsp. 3：A：Vati, ich möchte in die Schulband.

　　　B：这么说,你是不想上大学了?

　　　B：Heißt das, du willst nicht auf die Uni?

　　　A：谁说我不想上大学?

　　　A：Wer sagt das denn?

　　　B：你既然想上大学,那哪有时间去参加乐队呢?

　　　B：Wenn du auf die Uni willst, woher nimmst du die Zeit für die Band?

　　　A：一个星期集中一次,不耽误学习的。

　　　A：Wir treffen uns nur einmal pro Woche, das wird mein Lernen nicht behindern.

　　　B：不管怎么说,学习得抓紧。

Chinesische Redewendungen leicht gemacht

B：Ganz gleich wie, du musst dich anstrengen.

A：知道了,老爸,别罗嗦。

A：Ich weiß Vati, du musst nicht so weit ausholen.

【这么说(说话)你可得负责任啊】 zhème shuō (shuōhuà) nǐ kě děi fù zérèn a

Du bist verantwortlich für das, was du sagst.

孔子教人慎言,这也是中国人慎于发表自己看法的一个原因,逢事总是三缄其口。

Konfuzius hat uns gelehrt, auf unsere Worte zu achten. Das ist ein Grund dafür, warum Chinesen vorsichtig mit Meinungsäußerungen sind und lieber schweigen.

例：A：老刘,听说你的钱丢了?

Bsp.：A：Lao Liu, ich habe gehört, du hast dein Geld verloren.

B：是呀,你说多倒霉呀! 我有点怀疑是某人偷的。

B：Ja, wirklich Pech. Ich vermute, dass es jemand gestohlen hat.

A：你可不能瞎说,这么说可得负责任啊!

A：Pass auf was du sagst, du hast keine Beweise.

【真不巧】 zhēn bù qiǎo

Es ist der falsche Moment.

中国人碰到好的巧合说"真巧",增加一丝喜悦；不好的巧合呢,就说"真不巧",表达一点同情。

Bei Glücksfällen sagen Chinesen gern "zhen qiao" um ihre Freude auszudrücken；bei Pech "zhen bu qiao" und zeigen damit Mitgefühl.

例1：A：买张晚报。

Bsp.：A：Eine Abendzeitung bitte.

B：真不巧，刚卖完。

B：Leider ausverkauft.

例2：真不巧，又下雨了，我们玩不了网球了。

Bsp. 2：So ein Pech, es regnet schon wieder. Wir können wohl nicht mehr Tennis spielen.

例3：A：请问，李芳在家吗？

Bsp. 3：A：Entschuldigung, ist Li Fang zu Hause？

B：你是？

B：Sie sind？

A：我是她的同学。

A：Ein Kommilitone.

B：真不巧，她今天不在家。

B：Tut mir leid, sie ist heute nicht da.

【真恶心】zhēn ěxin

Wirklich ekelhaft！

用一些表示人的感官感觉表示对某人某事的评价或态度，恐怕是世界上所有语言的共性。当你看见（听见）某人某事时产生一种恶心的感觉时，那会是什么样的一种人或事呢？

Eine Gemeinsamkeit aller Sprachen ist, dass Einschätzungen oder Meinungen zu Personen oder Sachen durch Sinneswahrnehmungen ausgedrückt werden. Was wird es wohl sein, das Ekel hervorruft, wenn man es sieht oder hört?

例1：真恶心！孩子，你怎么老吃饭的时候上厕所？

Bsp. 1：Wirklich ekelhaft！Kind, warum gehst du immer beim Essen auf die Toilette？

Chinesische Redewendungen leicht gemacht

例2：A：你听说广东人喜欢吃蛇吗？
Bsp.2：A：Hast du davon gehört, dass Kantonesen gern Schlange essen?

B：不只听说过,还自己尝过呢。
B：Das habe ich nicht nur gehört, ich habe selbst schon mal probiert.

A：是吗？真恶心。
A：Wirklich? Das ist eklig.

B：嗯,蛇肉很好吃啊,特别是蛇汤,鲜极了。
B：Schlange schmeckt eigentlich sehr gut, vor allem Schlangensuppe, sehr lecker.

【真是的】　　zhēn shì de
Also wirklich!

表示烦、不高兴、责怪、善意的批评等。
Bringt Verärgerung, Unmut, Tadel und nett gemeinte Kritik zum Ausdruck.

例1：新来的校长讲话讲了两个小时,真是的,罗嗦死了。
Bsp.1：Der neue Rektor hat eine zweistündige Rede gehalten. Also wirklich, viel zu langatmig.

例2：　妈妈：你的裤子怎么有洞？
Bsp.2：Mutter：Wie ist das Loch in deine Hose gekommen?

儿子：不小心弄破了。
Sohn：Ich habe nicht aufgepasst.

妈妈：这么新的裤子,刚穿两天就破了,真是的！
Mutter：Eine neue Hose, du hattest sie nur zwei Tage an und schon ist sie kaputt. Also wirklich!

【真是老外】　　zhēn shì lǎowài

Du bist wirklich ein Ausländer!

外国人可能都知道中文里对他们的昵称——"老外",这似乎显得不太礼貌,其实没有半点儿恶意,不过套用了中国人之间用"老"字称呼别人的习惯。而且,"老外"也可以用来说中国人,意指对某事外行,一窍不通。

Die meisten Ausländer kennen den Spitznamen, den ihnen Chinesen geben – "laowai". Auch wenn es meist nicht so höflich klingt, so ist es doch keinesfalls böse gemeint, "lao" ist vielmehr eine Anredeform, die Chinesen untereinander auch verwenden. "laowai" wird auch für Chinesen verwendet, die von etwas überhaupt keine Ahnung haben.

例1：你真是老外,连这个都不懂。
Bsp. 1：Du bist wirklich ein Ausländer, nicht mal das verstehst du.
例2：他虽然是个外国人,对中国书法可不是"老外"。
Bsp. 2：Er ist zwar ein Ausländer, aber nicht auf dem Gebiet der Kalligraphie.

【至于吗】　　zhìyú ma

So weit ist es gekommen?

做的有点儿过分了。对别人的过分的做法表示不理解或提出异议,或轻微的责备。

Wenn etwas übertrieben wird oder jemand zu weit gegangen ist, dann kann man diese Redewendung benutzen. Sie bringt Unverständnis, Widerspruch oder einen leichten Vorwurf zum Ausdruck.

例1：A:昨天我为了看球赛,一晚上没有睡觉。
Bsp. 1：A:Ich war die ganze Nacht wach, um das Spiel zu sehen.
　　　　B:至于吗？今天又不是没有重播,何必熬夜呢？

Chinesische Redewendungen leicht gemacht

B：War es das wert? Es wird doch heute wiederholt, warum dann aufbleiben?

例2：A：听说要长工资,老李高兴得在办公室里唱了起来。

Bsp. 2：A：Als er gehört hat, dass das Gehalt erhöht wird, hat Lao Li vor Freude im Büro angefangen zu singen.

B：至于吗?老李的工资不低呀?再说,这次长工资只长一点点儿。

B：Was hat er gemacht? Lao Li verdient doch gut. Und außerdem ist es nur eine kleine Erhöhung.

【祝你一路顺风】 zhù nǐ yí lù shùn fēng
Gute Reise

德文,英文和法文的告别祝愿都只用了一个"好"字,而中文则把一个平淡的好字演绎成"一路顺风",文字之美,尽显其中。

Im Chinesischen wünscht man Reisenden einen günstigen Wind, was ganz deutlich die Schönheit der Sprache zeigt.

例：A：明天我要回美国。

Bsp.：A：Ich fliege morgen in die USA zurück.

B：真的? 你可以看到你妈妈了。

B：Wirklich? Dann kannst du deine Mutter wiedersehen.

A：是的,我很高兴。

A：Ja, ich freue mich schon.

B：明天几点的飞机?

B：Wann geht dein Flug?

A：四点的飞机。

A：Um 4 Uhr am Nachmittag.

B：太糟糕了,四点我还在上班,没法送你,祝你一路顺风!

B：Mist, um 4 Uhr arbeite ich noch, da kann ich dich nicht zum Flughafen bringen. Ich wünsche dir eine gute Reise.
A：谢谢！
A：Danke.

【总而言之/总之】 zǒng ér yán zhī/zǒngzhī
kurz und gut / kurzum

听一位领导做一个又长又没有内容的报告的时候,如果你听到"总之"或"总而言之"了,你应该第一个鼓掌,因为,你很快就要解放了。

Wenn ein Offizieller einen langen inhaltslosen Bericht vorträgt und Sie hören "kurzum" oder "kurz und gut", dann sollten Sie der Erste sein, der applaudiert, denn Sie sind fast erlöst.

例：A：你的新家真漂亮！
Bsp.：A：Eure neue Wohnung ist toll!
B：谢谢。
B：Danke.
A：你看,房子又大,楼层又高,还有这么贵的家具,总之,我可是一辈子也不可能有这么漂亮的家了。
A：Die Wohnung ist groß, die Decken sind hoch und so teure Möbel. Alles in allem werde ich wohl nie im Leben so eine schöne Wohnung haben.
B：房子大也有房子大的难处,比方说,打扫房子就不是件轻松活儿:星期天客人走了以后,每次都要收拾半天;每次洗地毯,我都要掉好几斤肉,总而言之,住小房子也有小房子的好处。
B：Eine große Wohnung hat auch Nachteile. Zum Beispiel das

Chinesische Redewendungen leicht gemacht

Saubermachen. Wenn unsere Gäste am Sonntag weg sind, brauchen wir immer einen halben Tag um aufzuräumen. Beim Teppichreinigen verliere ich immer ein paar Kilos. Kurzum, kleine Wohnungen haben auch ihre Vorteile.

Teil 2

惯用语
Redensarten

Chinesische Redewendungen leicht gemacht

【矮半截(儿)】　　ǎi bàn jié(r)
eine halben Kopf kleiner sein

比喻地位、身份等比别人低下。
Das ist eine Metapher für eine niedrige Position oder einen geringen Status.

例1：不要以为他不是城里人，就比你矮半截。
Bsp. 1： Glaub nicht, dass er unter dir steht, nur weil er vom Land kommt.

例2：小刘虽然是个残疾人，可是并不比人矮半截，他靠一双手养活了一家5口人。
Bsp. 2： Xiao Liu ist zwar körperbehindert, aber keineswegs weniger fähig als andere. Er hat allein eine fünfköpfige Familie versorgt.

【白费蜡】　　bái fèi là
vergebliche Mühe

做了很多努力，可是一点儿效果也没有。俗话说：瞎子点灯，白费蜡。
Man strengt sich sehr an, aber trotzdem zeitigt es keinen Erfolg. Eine Redensart lautet： Wenn ein Blinder eine Kerze anzündet, dann

ist das eine Verschwendung von Wachs.

例：这场官司我们没戏，花那么多钱是白费蜡。
Bsp.：Es ist aussichtslos diesen Rechtsstreit zu gewinnen. Es ist rausgeworfenes Geld.

【摆架子/摆谱儿】 bǎi jiàzi/bái pǔr
sich（mit etwas）wichtig tun

在别人面前作出很了不起的样子，或者显示自己的"身份"。
Wenn man sich vor jemandem ganz besonders herausstellt oder seinen eigenen "Status" zur Schau stellt.

例1：A：听说张先生要当公司的第一把手了？
Bsp. 1：A：Ich habe gehört, dass Herr Zhang die Nummer Eins in der Firma werden wird.

　　　B：可能吧，你看他这几天说话，都开始摆架子了。
　　　B：Wahrscheinlich. Sieh dir doch nur an, wie er in den letzten Tagen redet, er hat schon angefangen sich wichtig zu tun.

例2：你不要跟我摆你的官架子，好不好？
Bsp. 2：Du musst mir gegenüber nicht so ein offizielles Getuc auflegen, ok?

例3：在我面前，请你不要摆你的臭架子！
Bsp. 3：Bitte führ dich vor mir nicht so abscheulich auf.

例4：A：听说小刘结婚请了十多辆奔驰车。
　　　A：Ich habe gehört, dass Xiao Liu für seine Hochzeit mehr als zehn Mercedes gemietet hat.

　　　B：是的，他喜欢摆谱儿。
　　　B：Stimmt, er tut sich gern wichtig.

Chinesische Redewendungen leicht gemacht

【板上钉钉】 bǎn shàng dìng dīng

Abgemacht! / Nägel mit Köpfen machen

有十分的把握或者什么事情已经决定下来,不能更改了。
Diese Redewendung bedeutet, dass man sich einer Sache zu 100% sicher ist oder etwas beschlossen wurde, es ist unumstößlich.

例1：在这儿,老刘的话是圣旨,什么事情只要他一决定下来,就板上钉钉了。
Bsp. 1: Was Lao Liu sagt, gilt hier. Was er einmal entschieden hat, ist unumstößlich.

例2：A：怎么样,这次长工资有你的戏吗？
Bsp. 2: A: Wie ist es, bekommst du dieses Mal eine Gehaltserhöhung?
B：说不准。
B: Schwer zu sagen.
A：我看,你是板上钉钉了。
A: So wie ich es sehe, steht es fest.

【半边天】 bàn biān tiān

der halbe Himmel

自从毛泽东说"妇女能顶半边天"以后,半边天就成了女人的代名词。
Seit Mao Zedong sagte "Frauen tragen den halben Himmel" ist der "halbe Himmel" ein Synonym für Frauen geworden.

例：A：真不像话,这么重的体力活儿要我们女同志干。
Bsp.: A: Unerhört! Wir Frauen sollen so schwere körperliche Arbeit leisten.
B：不要瞧不起你们自己嘛,别忘了,你们可是半边天呀。
B: Warum schätzt ihr euch selbst so gering. Vergiss nicht, ihr

seid die Hälfte des Himmels.

【半路出家】　bàn lù chū jiā
als Mönch oder Nonne spät berufen

"出家"本是佛家语,表示"当了和尚"或"做了尼姑"。半路出家则用来表示中途改行,换了职业。

"chu jia" ist ein Begriff aus dem Buddhismus und bedeutet Mönch oder Nonne werden. Die Redewendung wird heute verwendet, um auszudrücken, dass man beruflich umsattelt oder seine Arbeit wechselt.

例：A：张先生,有个学术问题请教您一下,您是专家。

Bsp.：A：Professor Zhang, ich habe eine wissenschaftliche Frage an Sie, weil Sie Experte auf diesem Gebiet sind.

B：不敢不敢,我哪儿是什么专家呀。

B：Aber nicht doch, ich bin kein Experte.

A：怎么不是,你写了那么多的文章,学问那么大。

A：Aber natürlich, Sie haben so viele Artikel veröffentlicht und haben so umfangreiche wissenschaftliche Kenntnisse.

B：哪儿敢说什么学问呀,我只不过是半路出家。

B：Ich würde nicht sagen, dass ich so große wissenschaftliche Kenntnisse habe. Ich komme doch eigentlich aus einem anderen Bereich.

【半瓶子醋】　bàn píngzi cù
eine halbe Flasche Essig

"一瓶子不满,半瓶子咣当"。比喻对什么事情一知半解,却自以为是。

Chinesische Redewendungen leicht gemacht

"Eine halbvolle Flasche klappert". Dieses Bild wird für jemanden verwendet, der von allem ein kleines Bißchen weiß, aber immer den Experten spielt.

例1：顾老先生虽然对象棋只能算是半瓶子醋,但是你听他说起象棋来,他就象个国际大师一样。

Bsp. 1：Auch wenn Herr Gu in Bezug auf Schach nur ein Schaumschläger ist, so klingt es doch, als wäre er ein internationaler Großmeister.

例2：A：昨天的电脑知识讲座你听了吗？

Bsp. 2：A：Warst du gestern in der Vorlesung über Computer?

B：听了,不过,我越听越糊涂。

B：Ja, aber je mehr ich gehört habe, desto verwirrter wurde ich.

A：我也是,我看,那个讲座的是个半瓶子醋。

A：Ich auch. Ich glaube, der Vortragende ist nur ein Sprücheklopfer.

【帮倒忙】　　bāng dào máng
einen Bärendienst erweisen

用一句幽默话说,就是"越帮越忙"。
Mit Humor ausgedrückt：Je mehr du hilfst, desto beschäftigter bin ich.

例：A：小李,你帮我看看,我的电脑出了什么问题,老死机。

Bsp.：A：Xiao Li, kannst du mir mal helfen. Mein Computer funktioniert nicht richtig, er stürzt immer ab.

B：你让我帮忙那是帮倒忙。

B：Du fragst den Falschen, ich bin dir da keine echte Hilfe. Im

Gegenteil.

【爆冷门儿】　　bào lěngménr
überraschende Wendung，wie ein Blitz aus heiterem Himmel

一向冷清的角落突然热闹起来，不被人看好的东西突然成为关注的焦点。

Ein verlassener Ort erwacht plötzlich zum Leben oder eine vernachlässigte Sache rückt in den Mittelpunkt der Aufmerksamkeit.

例1：AC米兰队被北京国安队打平，算是爆了一个不小的冷门儿。

Bsp. 1：Der AC Mailand hat unentschieden gegen Beijing Guoan gespielt. Das ist wirklich eine Überraschung.

例2：世界杯足球赛这两天连着爆冷门儿。

Bsp. 2：In den letzten Tagen gab es bei der Fußball-WM lauter Überraschungssieger.

【背包袱】　　bēi bāofu
etwas schwer nehmen

思想上有顾忌或有负担。

Gemeint sind Bedenken und psychische Belastungen.

例：A：大连足球队已经50多场没有输球了！

Bsp.：A：Die Fußballmannschaft aus Dalian hat bereits mehr als 50 Spiele gewonnen.

B：包袱也越背越重了。你看上个星期天的比赛，他们队员都很紧张。

B：Das ist aber auch eine Belastung für die Spieler. Ich habe letzte Woche das Spiel gesehen und sie waren alle ganz schön angespannt.

Chinesische Redewendungen leicht gemacht

【背黑锅】　　bēi hēi guō
den schwarzen Peter zugeschoben bekommen

代人受过或者被人冤枉，那感觉不是很像"背上了黑锅"吗？
Wenn man ungerechter Weise beschuldigt wird oder zum Sündenbock gemacht wird, verwendet man im Chinesischen die Metapher eines schwarzen Kessels, den man auf dem Rücken tragen muss.

例1：A：这个办公室里老有人说丢了钱，是怎么回事嘛？
Bsp. 1：A：Ständig sagt hier jemand in diesem Büro, dass sein Geld weg ist. Was soll das denn?

　　　B：这事儿得查一查，不然的话，好象一屋子贼似的。
　　　B：Das müssen wir mal überprüfen, sonst sieht es ja so aus, als hätten wir lauter Diebe unter unserem Dach.

　　　A：是呀，我们这屋子的人都背着黑锅呢。
　　　A：Das stimmt. Wir alle bekommen das jetzt in die Schuhe geschoben.

例2：儿子名声不好，老子也为他背黑锅。
Bsp. 2：Wenn der Sohn einen schlechten Ruf hat, dann ist auch der Vater der Gelackmeierte.

【不是省油的灯】　　bú shì shěng yóu de dēng
Unruhestifter

不是一个安分、老实的人。
Jemand, der sich nicht einfügt.

例：三个儿子没有什么出息，两个女儿也不是省油的灯。
Bsp.：Keiner der drei Söhne hat gute Zukunftsaussichten, und die zwei Töchter machen auch immer Ärger.

【擦屁股】　　cā pìgu

ein Durcheinander aufräumen

处理别人丢下的棘手的事情。
Das Durcheinander in Ordnung bringen, das jemand anderer hinterlassen hat.

例：我的前任丢下一个烂摊子,我得帮他擦屁股。
Bsp.：Mein Vorgänger hat den Stand in einem schlimmen Zustand hinterlassen. Jetzt muss ich alles aufräumen.

【插一杠子】　　chā yí gàngzi

seine Nase in etwas stecken

中途加入进去,给别人添乱子。
sich irgendwo einmischen und damit für Chaos sorgen

例1：我们干得好好儿的,你可别插一杠子。
Bsp.1：Es ist alles in Ordnung. Misch dich bloß nicht ein.
例2：与我无关的事情,我为什么要半途插一杠子呢?
Bsp.2：Warum soll ich mich in Dinge einmischen, die mich nichts angehen?

【唱白脸】　　chàng bái liǎn

den Bösewicht spielen

你如果看过京剧的话,一定注意到了,"坏人"往往化妆成白脸。所

Chinesische Redewendungen leicht gemacht

以"唱白脸"表示对人及其严厉苛刻。(常与"唱红脸"一起用,见"唱红脸")

Wenn Sie schon einmal Peking Oper gesehen haben, ist Ihnen vielleicht aufgefallen, dass der "Bösewicht" ein weiß geschminktes Gesicht hat. Diese Redewendung bedeutet, dass man sich jemandem gegenüber streng und hart gibt. (oft zusammen mit "sich großzügig geben" verwendet, siehe "chang hong lian")

例:在我们家,教育孩子的时候我唱白脸。
Bsp.: In unserer Familie bin ich bei der Erziehung unseres Kindes der Strenge.

【唱对台戏】 chàng duì tái xì
jemandem in die Parade fahren

马路两边都有一个戏台,两个剧团都在唱一样的戏,彼此在进行残酷的争夺观众的竞争。这就是唱对台戏。比喻和别人过不去。

Auf jeder Seite der Straße ist eine Bühne, auf denen zwei Schauspielgruppen dasselbe Stück spielen und um die Gunst des Publikums wetteifern, also gegeneinander auftreten. Die Redewendung bedeutet, jemandem Unannehmlichkeiten bereiten.

例:厂长上任没几天,工会主席就和他唱对台戏。
Bsp.: Kurz nachdem der neue Fabrikdirektor ins Amt gekommen ist, hat sich der Gewerkschaftsvorsitzende mit ihm angelegt.

【唱反调】 chàng fǎn diào
jemandem Kontra geben

例:过去如果你说中国人口太多了,那是在和毛主席唱反调。

Bsp.：Wenn man früher gesagt hat, dass die Bevölkerung Chinas zu zahlreich ist, dann hat man dem Vorsitzenden Mao widersprochen.

【唱高调】 chàng gāo diào
tönen

唱高调就是说大话或者说空话。
Das bedeutet große Worte oder leere Worte von sich geben.

例：新来的经理就会唱高调，不会干实事。
Bsp.：Unser neuer Manager ist nicht ein Mann der Taten, er spuckt nur große Töne.

【唱红脸】 chàng hóng liǎn
sich großzügig geben

京剧里的"好人"大都是红脸。唱红脸就是对人显得态度和善。(常与"唱白脸"一起用)
Der Held in der Peking Oper hat meist eine rote Maske. Diese Redewendung bedeutet, den guten Onkel spielen, sich großzügig geben. (häufig zusammen mit "chang bai lian" verwendet)

例1：别看那个老头态度不错，其实他是在为他们公司唱红脸。
Bsp.1：Lass dich nicht von der netten Haltung des Alten täuschen, er spielt in Wirklichkeit den Guten für die Firma.

例2：一个唱红脸，一个唱白脸。
Bsp.2：Einer spielt den Guten, der andere den Bösen.

Chinesische Redewendungen leicht gemacht

【唱空城计】　chàng kōng chéng jì
die Kriegslist der leeren Stadt

敌人打来了,诸葛亮守的城里只有几个老弱残兵和一堆家眷,怎么办？他急中生智,大开城门,等着敌人的进攻。结果,疑心重重的敌人担心城里有伏兵,退后几十里安营扎寨,为诸葛亮腾出足够的时间撤退。如今,唱空城计成了一个常用语,表示表面强大,实则空虚,或没有人,人手不够。
Als die Feinde auf die Stadt vorrückten, waren außer Zhuge Liang dort nur Alte, Schwache, verwundete Soldaten und Familienangehörige. Was konnte er also machen? Not macht erfinderisch. Er öffnete die Stadttore und wartete auf den Angriff des Feindes. Die Angreifer argwöhnten, dass es einen Hinterhalt geben müsse und zogen sich mehrere Meilen zurück, um ein Lager aufzuschlagen. So hatte Zhuge Liang genügend Zeit zum Rückzug. Heute wird die Redewendung benutzt, um auszudrücken, dass man sich stark gibt, obwohl man schwach ist oder nicht genügend Personal hat.

　例：今天是种树的日子,大家都去郊区种树去了,几个办公室唱了空城计。
Bsp.：Heute ist der Tag des Bäumepflanzens. Wir sind alle rausgefahren, um Bäume zu pflanzen und haben die Büros leer gelassen.

【唱主角儿】　chàng zhǔjuér
die Hauptrolle spielen

主角儿就是戏剧里的主要演员,唱主角儿就是担任主要人物。
zhujuer ist die Hauptfigur in einem Thaterstück, "chang zhu juer" bedeutet, die Hauptrolle übernehmen.

例：A：今天谁唱主角儿？
Bsp.：A：Wer spielt heute die Hauptrolle?
　　　B：你唱主角儿，你年纪最大，当然是你了。
　　　B：Du natürlich, du bist der Älteste. Wer sonst?

【撑门面】　chēng ménmiàn
das Ansehen wahren

"爱面子"虽然是一个贬义的说法，可是爱面子却是一些人的共同"爱好"，所谓"面子上过得去"，"打肿脸充胖子"，"脸面上不好看"等说法，都体现了这种共同的心理。所以当你看见破破烂烂的居民区，临近大街的铺面却做上漂亮的砖墙或刷上石灰，你就不难理解这种作法的合理性。

Auch wenn "das Gesicht lieben" abwertend ist, so ist es doch ein gemeinsames "Hobby" vieler Menschen. Das zeigt sich in Redewendungen wie "äußerlich ganz passabel", "sich ins Gesicht schlagen, um imposant zu wirken", "äußerlich nicht schön". Wenn Sie also in heruntergekommenen Wohnvierteln schöne Ziegel und Anstriche an den zur Straße gewandten Ladenfronten sehen, werden Sie verstehen warum.

例：公司里虽然很穷，但是还买这么贵的汽车，全是为了撑门面。
Bsp.：Auch wenn es der Firma nicht so gut geht, hat sie einen teuren Wagen gekauft, um ihr Ansehen zu wahren.

【成气候】　chéng qìhòu
etwas erreichen

形容人或某"单位"有发展或成就。
Beschreibt, dass sich jemand oder eine Einrichtung gut entwickelt und

Chinesische Redewendungen leicht gemacht

Erfolge erzielt.

例1：虽然他们努力地工作，但是大气候不好，成不了什么气候。

Bsp. 1： Sie arbeiten sehr fleißig, aber aufgrund der schlechten allgemeinen Lage können sie nichts erreichen.

例2：小刘的儿子很聪明，又很喜欢学习，只要他们好好地教育他，他会成大气候的。

Bsp. 2： Der Sohn von Xiao Liu ist sehr klug und lernt gern. So lange er eine gute Bildung bekommt, wird er es auch zu etwas bringen.

【吃闭门羹】 chī bì mén gēng

die Tür vor der Nase zugeschlagen bekommen / vor verschlossenen Türen stehen

你去拜访某人，人家不在家或不欢迎你而不让你进屋，这就是"吃了闭门羹"。

Wenn Sie jemanden besuchen gehen, aber niemand da ist oder Sie nicht herein gebeten werden, dann stehen Sie vor verschlossenen Türen bzw. es wird Ihnen die Tür vor der Nase zugeschlagen.

例：A：昨天我去你们家玩儿，可是吃了闭门羹。

Bsp.： A： Ich war gestern bei euch, aber niemand war zu Hause.

B：昨天什么时候？

B： Um wie viel Uhr?

A：下午两点。

A： Nachmittags um zwei.

B：昨天下午我们去钓鱼了。

B： Gestern Nachmittag waren wir angeln.

【吃醋】　　chī cù
eifersüchtig sein

比喻产生嫉妒情绪,特别是异性之间。一个人看见自己的男(女)朋友和别的异性朋友谈得亲热的时候,就会产生一种情绪,象是一口气喝了一大碗酸醋似的,正式名称是嫉妒。

Das ist ein Bild, das Eifersucht ausdrückt, vor allem in Bezug auf das andere Geschlecht. Wenn man seinen Freund/seine Freundin mit jemand anderem flirten sieht, dann kommt dieses Gefühl auf, ganz so als hätte man in einem Schluck eine ganze Schale Essig getrunken."jidu" ist die förmlichere Ausdrucksweise.

例1：A：我建议你最好不要跟那个"小白脸"来往。
Bsp. 1：A：Du solltest dich besser nicht mit diesem "Lackaffen" abgeben.
　　　　B：怎么,吃醋了？
　　　　B：Warum? Bist du eifersüchtig?
例2：老张的夫人喜欢吃醋,大家都叫她醋坛子。
Bsp. 2：Die Frau von Lao Zhang ist sehr eifersüchtig, alle nennen sie "Essigkrug".

【吃干饭】　　chī gānfàn
nichtsnutzig

什么也不做或者什么也不会做。
Nichts machen oder nichts zustande bringen.

例1：厂长换了好几个,可是都是吃干饭的,大家都只好等着工厂破产。
Bsp. 1：Wir hatten schon mehrere Fabrikdirektoren, aber alle haben zu nichts getaugt. Uns bleibt nichts, als auf den Bankrott zu

Chinesische Redewendungen leicht gemacht

warten.

例2：人大代表不能光吃干饭,应该反映人民的意见。
Bsp. 2: Vertreter des Nationalen Volkskongresses dürfen keine Nichtsnutze sein, sondern sollten die Meinung des Volkes weitergeben.

【吃回头草】　　chī huítóucǎo
auf die Weide zurückkehren, von der schon gefressen wurde

俗话说"好马不吃回头草",那意思是说,有志气的人不去做曾被自己抛弃的事。比如,一对男女本是恋人或夫妻,当他们斗气分手以后,就都不好意思再重归于好了。再比如,一个人辞了一份工作,过了几天,他无处可去,又回来想再干那份被自己辞掉的工作,总是不好意思的事。所以,吃回头草总是被人瞧不起的。

Im Volksmund heißt es: "Ein gutes Pferd kehrt nicht auf die Weide zurück, von der es schon gefressen hat." Das bedeutet, jemand mit Ambitionen beginnt nicht wieder mit Sachen, die er bereits aufgegeben hat. Wenn sich zum Beispiel ein Paar im Streit trennt, werden beide nicht wieder zusammen kommen wollen. Oder wenn jemand seine Stelle gekündigt hat, aber keine andere findet, gibt es kein Zurück. Wieder die alte Arbeit aufzunehmen, ist unangenehm. Wenn man dennoch auf die Weide zurückkehrt, von der schon gefressen wurde, werden die anderen auf einen herabblicken.

例：A：如果为了钱,只好去找找老板,看看能不能恢复你的工作。
Bsp.: A: Wenn es wegen des Geldes ist, musst du zu deinem alten Chef gehen. Vielleicht gibt er dir deinen Job wieder.
　　B：我才不吃回头草呢。

B: Auf keinen Fall, ich gehe nicht zurück.

【吃老本】　　chī lǎo běn

sich auf vergangene Verdienste stützen, sich auf seinen Lorbeeren ausruhen

"老本"就是最开始时的投资,比喻原来的资历、成绩、贡献和能力等。做生意,如果你把本投进去了,老是不赚钱,最后连"老本"都赔光了。一个人没有什么新的作为,只是依靠过去的声誉或影响生存,当然不会长久的。所以吃老本的人是会被人瞧不起或没有前途的。

"laoben" ist das Startkapital, hier verwendet als Metapher für frühere Qualifikationen, Erfolge, Verdienste oder Fähigkeiten. Wenn Sie zum Beispiel Geschäfte machen, aber keinen Profit machen, nachdem Sie Ihr Kapital eingebracht haben, werden Sie schließlich auch das "Startkapital" verlieren. Niemand kann sich lange auf seinem früheren Ruhm ausruhen, ohne eine neue Sache in Angriff zu nehmen. Deshalb hält man nichts von Leuten, die sich nur auf vergangene Verdienste stützen oder sie haben keine Zukunft.

例1: A: 生意怎么样,李老板?
Bsp. 1: A: Wie laufen die Geschäfte, Herr Li?
　　　　B: 咳,别提了,这一段时间全靠吃老本。现在生意难做呀。
　　　　B: Ach, erwähnen Sie das bloß nicht. In der letzten Zeit lebe ich ganz von meinen früheren Gewinnen. Heute ist es schwer Geld zu verdienen.

例2: A: 你的身体不错嘛?
Bsp. 2: A: Dir geht es gesundheitlich gut, nicht wahr?
　　　　B: 全是吃过去的老本,现在天天那么忙,锻炼太少,一天比

Chinesische Redewendungen leicht gemacht

一天胖了。

B：Das ist alles noch von früher. Jetzt habe ich so viel zu tun und treibe zu wenig Sport. Ich werde jeden Tag dicker.

例3：我们公司虽然是著名的大公司，但是我们应该在工作上有创造性，发挥想象力，敢于否定过去，不能光吃老本。

Bsp. 3：Wir sind ein großes Unternehmen mit gutem Ruf, aber wir müssen bei der Arbeit noch mehr Kreativität zeigen und unsere Vorstellungskraft entfalten. Wir sollten es wagen, das Alte über Bord zu werfen, wir können uns nicht nur auf unsere früheren Erfolge berufen.

【翅膀(长)硬了】 chìbǎng (zhǎng) yìng le
starke Flügel bekommen

小鸟儿的翅膀长硬了，就要离开父母独自觅食了，人长大了，就要离开父母，独自闯生活了，徒弟学会了手艺，就要离开师傅去闯营生了。当然父母有权利抱怨儿女们长大了就不要爹娘了；师傅们也有权利发"教会了徒弟饿死了师傅"这样的牢骚。

Wenn kleine Vögel starke Flügel bekommen, verlassen sie ihre Eltern und suchen selbst nach Futter. Das gilt auch für Menschen. Wenn die Kinder groß sind, gehen sie von Zuhause fort und führen ein unabhängiges Leben. Wenn Lehrlinge ihr Gewerbe erlernt haben, verlassen sie ihren Meister und führen ihr eigenes Geschäft. Es ist nur allzu verständlich, wenn Eltern klagen, dass die Kinder groß sind und sie nicht mehr brauchen und die Lehrmeister murren："Lehrling ausgebildet, Meister verhungert".

例1：爸爸：小虎，你今年已经28了，该考虑考虑个人的事情了。

Bsp. 1：Vater：Xiaohu, du bist jetzt 28, du solltest mal über eine

Heirat nachdenken.

儿子：爸爸，您就别操这个心了，我自己的事情我会考虑的。

Sohn：Vater, zerbrich dir deswegen nicht den Kopf. Ich werde es schon machen.

爸爸：你老说会考虑会考虑，现在都28了，还要等到什么时候再考虑呀？

Vater：Das sagst du immer. Du bist 28, wann willst du dir endlich Gedanken machen?

儿子：总之，我现在还不想考虑。

Sohn：Jedenfalls nicht jetzt.

爸爸：好好好，你不想考虑，你现在翅膀硬了。

Vater：In Ordnung. Dann nicht, du bist ja erwachsen.

【出难题】　　chū nántí

jemandem eine Nuss zu knacken geben

有的老师出题考试，总喜欢出怪题，难题，好象和学生过不去一样。生活中这样的人也不少，总喜欢跟人出点难题。

Manche Lehrer wählen in Prüfungen gern schwierige und eigenartige Aufgaben, um es den Schülern schwer zu machen. Sonst gibt es im Leben auch genug Menschen, die anderen gern eine Nuss zu knacken geben.

例1：我们老板尽跟我出难题，我的英语不行，还让我当会谈翻译。

Bsp.1：Mein Chef macht es mir immer sehr schwer. Mein Englisch ist nicht so gut, aber er lässt mich trotzdem bei der Beratung dolmetschen.

例2：到中国来工作，是他自己跟自己出的难题。刚来的时候，他一句中文也不会说。不过，现在他能用中文工作了。

Chinesische Redewendungen leicht gemacht

Bsp. 2: Mit der Arbeit in China hat er sich selbst eine große Herausforderung gesetzt. Als er nach China kam, konnte er kein einziges Wort Chinesisch. Aber inzwischen kann er bei der Arbeit alles auf Chinesisch erledigen.

【出气筒】　chū qì tǒng
Prügelknabe

也叫"受气包",就是无端受气的人。
auch "shou qibao", bezeichnet Menschen, die grundlos etwas einstecken müssen

例:别有火就往我身上发,我不是你们的出气筒。
Bsp.: Lasst es nicht an mir aus, ich bin nicht euer Prügelknabe.

【穿小鞋】　chuān xiǎo xié
jemandem das Leben schwer machen

穿一双尺寸太小的鞋,自然不会舒服。所以"给人穿小鞋"就比喻为暗地里报复人,刁难别人。
Zu kleine Schuhe sind nicht bequem. "Jemandem zu kleine Schuhe anziehen" heißt also, heimlich an jemandem Rache nehmen oder jemandem das Leben schwer machen.

例:A:你这么说领导的直话,不怕他给你穿小鞋吗?
Bsp.: A: So unverblümt sprichst du mit deinem Chef. Hast du keine Angst, dass er dir das Leben schwer macht?
　　　B:我才不管呢。
　　　B: Ist mir egal.

【穿一条裤子/一个鼻孔出气】 chuān yì tiáo kùzi/yíge bíkǒng chū qì

Leute vom gleichen Schlag, unter einer Decke stecken

形容两个或几个人互相勾结,互相庇护。
Wenn zwei oder mehr Personen dieselbe Hose tragen, dann machen sie gemeinsame Sache.

例:A:我真倒霉,经理总是给我小鞋穿。
Bsp.:A:Ich habe wirklich Pech. Der Manager macht es mir immer schwer.
　　B:你最好告诉董事长。
　　B:Du kannst mit dem Geschäftsführer sprechen.
　　A:有什么用呢?他们是穿一条裤子的。
　　A:Wozu soll das nützen? Das sind doch zwei vom gleichen Schlag.

【戳脊梁骨】 chuō jǐliáng gǔ

hinter jmds. Rücken über ihn reden oder sich lustig machen

当面说的是好话,背后说的是坏话。要是做了什么坏事,就免不了会有人在背后对你指指点点地批评了。
Von Angesicht zu Angesicht sagt man sich nur nette Worte, anders sieht es hinter dem Rücken aus. Wenn man etwas Schlimmes gemacht hat, dann tuscheln die anderen unvermeidlich hinter dem Rücken.

例:我是司法人员,如果我不按法律办事,别人不戳我的脊梁骨吗?
Bsp.:Wenn ich als Angestellter der Justiz nicht nach dem Gesetz handeln würde, würden dann nicht die anderen hinter meinem

Chinesische Redewendungen leicht gemacht

Rücken über mich tuscheln?

【打抱不平】　　dǎ bào bù píng
gegen Ungerechtigkeiten auftreten

电视连续剧《水浒传》里的歌儿唱道："路见不平一声吼,该出手时就出手"。《水浒传》里的英雄们都是爱"打抱不平"的好汉。

Im Titelsong zur Fernsehserie "Shuihuzhuan" heißt eine Zeile: "Wenn du auf Ungerechtigkeit triffst, heul auf, wenn du kämpfen musst, dann kämpfe". Alle Helden aus "Shuihuzhuan" unterstützen die Schwachen.

例：这事儿跟你有什么关系,你打什么抱不平呀?

Bsp.: Was hast du damit zu tun? Warum spielst du hier den Verteidiger gegen das Unrecht?

【打官腔】　　dǎ guānqiāng
im Bürokratenton reden

用官场上的话来推托、来指使、责难别人。你听一个什么什么"长"讲话的时候,你发现他往往把"同志们""朋友们"的"们"字拖得特别长,那就是"官腔"的一种。

In offiziellem Ton wird gesprochen, um Verantwortung abzuwälzen, andere anzuspornen oder zu kritisieren. Wenn Sie irgendeinen "Direktor" reden hören, wird er das Suffix "men" in "tongzhimen" oder "pengyoumen" häufig sehr lang ziehen, das ist eine Art, amtlich zu werden.

例 1：老李本来是个老老实实的修鞋的，自从当上了人大代表以后，就喜欢跟人打官腔了。

Bsp. 1： Lao Li war eigentlich ein ehrlicher Schuster. Aber seit er zum Delegierten des Volkskongress gewählt wurde, redet er gern in offiziellem Tonfall.

例 2：爸爸，你最好不要在家里打官腔了。

Bsp. 2： Papa, kannst du aufhören, zu Hause in amtlichem Ton zu sprechen.

【打交道】　dǎ jiāodào
mit jemandem in Kontakt kommen

例 1：有人说，和上海人打交道需要很高的智商。

Bsp. 1： Manche sagen, um mit Shanghaiern in Kontakt zu kommen, braucht man einen hohen IQ.

例 2：和他打交道，你要小心点儿。

Bsp. 2： Wenn du mit ihm zu tun hast, solltest du vorsichtig sein.

【打埋伏】　dǎ máifu
etwas zurückhalten

这本是一句军事术语，表示在敌人经过的地方，暗暗布置兵力，找机会，打敌人一个措手不及。现在借用来表示对人有所隐瞒。

Ursprünglich ein militärischer Begriff, der bedeutet auf der Lauer liegen und den Feind überraschen. Jetzt wird er benutzt, um auszudrücken, dass jemand etwas vor anderen verbirgt.

例 1：A：王老板，我们是多年的交情了，说话就不要打埋伏了吧？

Bsp. 1： A： Herr Wang, wir kennen uns seit vielen Jahren, da müssen

Chinesische Redewendungen leicht gemacht

wir doch kein Blatt vor den Mund nehmen, oder?
B：当然当然，有话直说。
B：Natürlich nicht. Heraus mit der Sprache.
例2：工商局怀疑他们公司在上税问题上打了埋伏，昨天派人去查了一整天账。
Bsp. 2：Das Büro für Industrie und Handel vermutet, dass ihre Firma bei der Steuerzahlung etwas zurückhält, deshalb haben sie gestern jemanden hingeschickt, um die Bücher zu prüfen.

【打屁股】　　　dǎ pìgu
den Hintern versohlen

过去中国老师或家长体罚不听话的学生或自己的孩子，喜欢打他们的屁股。据研究说，屁股这地方的肉厚，打一打，虽然很疼，但不至于受重伤，是孩子接受体罚的最好地方。
Früher haben in China Lehrer und Eltern die Kinder, die nicht hörten, körperlich gezüchtigt. Meist haben sie ihnen den Hintern versohlt. Untersuchungen zeigen, dass durch die dicke Fettschicht am Hintern keine Verletzungen entstehen, wenn man ihn versohlt, auch wenn es schmerzt.

例1：A：你又撒谎，不怕你爸知道了打屁股吗？
Bsp. 1：A：Schon wieder eine Lüge. Hast du keine Angst, dass dir dein Vater den Hintern versohlt, wenn er das herausfindet?
B：我爸疼我，不打。
B：Mein Vater verwöhnt mich und schlägt mich nicht.
例2：学习成绩不好，爸爸就会打我的屁股。
Bsp. 2：Wenn meine Ergebnisse nicht gut sind, versohlt mir mein Vater den Hintern.

【打旗号】 dǎ qíhào

unter der Fahne von ...

过去,一个将军带兵打仗,他的身后总有人打着一个旗子,上面写着将军的姓,这就是旗号。现在旗号表示做某件事情的名义或借口。

Wenn früher ein General in den Krieg zog, war in seinem Gefolge immer jemand, der eine Fahne mit dem Namen des Generals trug. "Unter der Fahne von..." bedeutet, etwas im Namen von jemandem oder unter einem bestimmten Vorwand zu tun.

例 1: 这位刘会计打着为大家服务的旗号,贪污了很大一笔公款。

Bsp. 1: Dieser Buchhalter Li hat unter dem Mäntelchen des Dienstes am Volk eine große Summe Geld unterschlagen.

例 2: A: 爸爸,我们去工商局办理公司登记手续,可是他们说我们资金不足,不给登记。

Bsp. 2: A: Vater, wir wollten unsere Firma beim Büro für Industrie und Handel registrieren lassen, aber sie haben uns abgewiesen, weil unser Kapital zu wenig ist.

B: 资金不足,那就再筹集一点嘛。

B: Wenn es nicht genug ist, müsst ihr mehr aufbringen.

A: 你说得轻松,哪儿去筹集呀。我们能不能用你的名义,去办理呀?

A: Das ist einfach gesagt, wo soll ich das Geld auftreiben? Können wir die Formalitäten nicht unter deinem Namen erledigen?

B: 用我的什么名义?

B: Unter meinem Namen?

A: 你是大局长,况且又是工商局长的老朋友,他一定给你一个面子。

Chinesische Redewendungen leicht gemacht

A: Du bist der Leiter einer Behörde und ein alter Freund des Chefs vom Büro für Industrie und Handel. Der hilft dir bestimmt.
B: 你们不要胡来,这样做是滥用职权。
B: Macht keinen Unfug. Das ist Missbrauch von Befugnissen.

【打入冷宫】　dǎ rù lěng gōng
jemanden kaltstellen, in Ungnade fallen lassen / in Vergessenheit geraten

冷宫是指安放失宠的皇妃或皇后的地方。被打入了冷宫,自然就是遭冷遇了。
Kaiserinnen oder Konkubinen, die die Gunst verloren hatten, wurden im "kalten Palast" untergebracht. Wenn man kaltgestellt wird, dann wird man sehr kühl behandelt.

例1: 自从群众运动不那么流行以来,过去经常被人借来借去的锣鼓等乐器,被打入了冷宫。
Bsp. 1: Seit Massenbewegungen nicht mehr so populär sind, sind Musikinstrumente wie Gongs und Trommeln, die früher oft geliehen wurden, in die hinterste Ecke des Schrankes verschwunden.
例2: 刘经理是张董事长提拔起来的,张董事长走人以后,刘经理就被打入冷宫,成了我们公司的闲人。
Bsp. 2: Manager Liu wurde von Generaldirektor Zhang befördert. Nachdem Herr Zhang weg war, wurde Manager Liu kaltgestellt und zur unerwünschten Person in der Firma.

【打算盘】 dǎ suànpán
etwas kalkulieren

算盘曾是帐房先生不离手的东西,算盘打得好,账务一定也管得好。因此好的帐房先生也有"铁算盘"的说法。现在算盘被计算器代替了,但是"打算盘"这个词仍保留了下来,不过表示的意思是筹划或计算得失。

Der Abakus wurde früher von den Buchhaltern nie aus der Hand gelegt. Wer gut mit dem Abakus umgehen kann, kümmert sich auch gut um die Finanzangelegenheiten. Deshalb wurden gute Buchhalter auch "eisener Abakus" genannt. Heutzutage wurde der Abakus vom Taschenrechner ersetzt, aber die Wendung "da suanpan" gibt es nach wie vor. Allerdings bedeutet sie etwas abwägen, kalkulieren.

例 1：李太太真会打算盘,买一斤排骨可以做好几个花样来吃,一家人好几天都在吃肉。

Bsp. 1：Frau Li kann wirklich kalkulieren. Aus einem Pfund Rippchen kann sie viele verschiedene Gerichte kochen. Die ganze Familie kann mehrere Tage lang Fleisch essen.

例 2：A：这个小组里多了一个他,就很不好办了。

Bsp. 2：A：Seit er in unsere Gruppe gekommen ist, ist alles komplizierter geworden.

B：他怎么了?

B：Was ist los?

A：咳,光打自己的小算盘,生怕吃了一点点亏。

A：Er ist so berechnend aus Angst auch nur den geringsten Verlust zu erleiden.

例 3：我希望你仔细的考虑一下,不要打错了算盘。

Bsp. 3：Ich hoffe, du überlegst es dir gut und kalkulierst nicht falsch.

Chinesische Redewendungen leicht gemacht

【打天下】　dǎ tiānxià

die Macht an sich reißen（Rebellen）

过去历代王朝的第一个皇帝，经过千辛万苦，浴血奋战，终于取得了国家的领导权，这就叫做打下了天下。如今皇帝没了，打天下就表示创业，创公司的业，创家庭的业，创个人奋斗的业，等等。

Früher hat jeder erste Kaiser einer Dynastie viele Anstrengungen unternommen und blutige Schlachten geschlagen, um an die Macht zu kommen. Heute gibt es keine Kaiser mehr. Diese Redewendung bedeutet jetzt, Pionierarbeit zu leisten, ob in einem Unternehmen, in der Familie oder bei den eigenen Zielen.

例1：比尔·盖茨白手起家打天下，终于成了世界首富。
Bsp. 1: Bill Gates hat es aus dem Nichts zum reichsten Mann der Welt geschafft.

例2：这哥儿两个是败家子，他们父亲辛辛苦苦打的天下，都败在他们手里。
Bsp. 2: Die beiden Brüder verschleudern das ganze Vermögen, das ihr Vater mühsam angehäuft hat.

【打退堂鼓】　dǎ tuìtánggǔ

die Flinte ins Korn werfen

古代官吏办公完毕离开办公室时，是要打鼓的。现在打退堂鼓表示遇到困难，中途退缩或改变主意。

Wenn früher die Beamten ihre Arbeit beendet hatten und das Büro verließen, musste die Trommel geschlagen werden. Heute bedeutet "da tuitanggu" bei Schwierigkeiten aufzugeben oder die Ansicht zu ändern.

例1：A：周先生，项目做了一半，你们公司就要打退堂鼓吗？

Bsp. 1：A：Herr Zhou, das Projekt ist zur Hälfte erledigt, zieht sich Ihre Firma jetzt daraus zurück?

B：不是这个意思，我们想应该根据市场情况的变化，作出适当的调整。

B：Nein, das wollen wir nicht. Wir wollen nur entsprechend der Veränderungen am Markt ein paar angemessene Korrekturen vornehmen.

例2：小朱准备了半年的托福考试，到了快要考试的时候又打退堂鼓了。

Bsp. 2：Xiao Zhu hat sich sechs Monate auf den TOEFL Test vorbereitet und dann kurz vor der Prüfung die Flinte ins Korn geworfen.

【打硬仗】　　dǎ yìng zhàng

eine schwere Aufgabe vor sich haben

例1：中国的电脑市场快要饱和了，现在开始在中国做电脑生意，可是真正地打硬仗了。

Bsp. 1：Der Computermarkt in China ist bald gesättigt. Wer jetzt in China ins Computergeschäft einsteigt, muss sich auf einen schweren Kampf vorbereiten.

例2：老张这个人就是这个脾气，专喜欢打硬仗。

Bsp. 2：So ein Temperament hat Lao Zhang, er liebt es schwere Schlachten zu schlagen.

【打游击】　　dǎ yóujī

ein ungeregeltes Leben führen

就像打游击战似的没有个固定的地方。

Chinesische Redewendungen leicht gemacht

So wie die Guerillakämpfer, die auch keinen festen Standort haben.

例1：A：你们住哪儿呀？
Bsp. 1：A：Wo wohnt ihr?
  B：我们？还在打游击呢。
  B：Wir? Wir führen noch ein ungeregeltes Leben.
  A：你们结婚都三年了，还在打游击？
  A：Drei Jahre nach der Hochzeit?
  B：可不是吗？！
  B：Warum nicht?

例2：我们应该租一个像样儿点的公寓，这么大一个公司没有个像样的办公地点，到处打游击也不像话。
Bsp. 2：Wir sollten eine ansehnliche Wohnung mieten. Wie sieht das aus, wenn eine so große Firma kein Büro hat und wie ein Guerillakämpfer operiert?

【打圆场】　dǎ yuánchǎng
schlichtend eingreifen

调解纠纷，缓和矛盾。
in einem Streit vermitteln, Spannungen abbauen

例：老毛这个人就是太急，说话老得罪人，如果不是他夫人打圆场，他可真不知道怎么办了。
Bsp.：Lao Mao ist zu ungestüm und verletzt schnell mit seinen Worten andere. Wenn seine Frau nicht schlichtend eingreifen würde, wüsste er wirklich nicht weiter.

【打折扣】　dǎ zhékòu
nicht 100％，halbe Sachen machen

不按应该的或约定的去做。

Nicht das tun, was man soll oder was abgemacht war.

例1：老蔡的话总是要打不少折扣的，不能全信。

Bsp. 1: Du solltest Lao Cais Worte nicht so ernst nehmen, sie stimmen nie zu 100%.

例2：A：注意质量，我们合同里对质量要求非常严格。

Bsp. 2: A: Achten Sie auf Qualität. In unserem Vertrag stehen sehr hohe Qualitätsanforderungen.

B：我们知道，这关系到我们公司的信用，我们不会打折扣的。

B: Wir wissen, dass das die Reputation unserer Firma betrifft. Wir werden keine halben Sachen machen.

【戴高帽】 dài gāo mào
jemanden bauchpinseln

过去，帽子有官帽，什么样的官儿，带什么样的帽子。自然，帽子越大越高，做的官儿就越大。所以给人"戴高帽"就是奉承人的意思。

Früher gehörte der Hut zur Amtskleidung. Je nach Rang trugen die Beamten unterschiedliche Hüte. Je größer der Hut, desto höher der Rang. Deshalb bedeutet diese Wendung jemandem schmeicheln.

例：赵科长就是喜欢别人给他戴高帽，你越恭维他，他越高兴。

Bsp.: Abteilungsleiter Zhang mag es, wenn man ihm schmeichelt. Je mehr Komplimente man ihm macht, desto glücklicher ist er.

Chinesische Redewendungen leicht gemacht

【挡箭牌】 dǎng jiàn pái
Vorwand / Strohmann

挡箭牌就是盾牌。当一种东西被用来作为借口，它就是挡箭牌；当一个人被用来遮护别人，这个人也就成了挡箭牌。
Ein Vorwand ist eine Schutzbehauptung. Wenn man etwas als Ausrede benutzt, dann ist das ein (Schutz) Schild. Wenn jemand als Schutz für andere benutzt wird, dann ist derjenige auch ein (Schutz) Schild.

例1：这个规定制定的时间很早，已经过时了，它往往被人当做了挡箭牌。
Bsp. 1: Diese Regeln gibt es schon sehr lange. Sie sind überholt und werden häufig als Vorwand benutzt.

例2："太忙了"是一个很好的挡箭牌。
Bsp. 2: "Zu beschäftigt" ist ein guter Vorwand.

例3：儿子不想做家庭作业，爸爸问他的时候，他就拿奶奶做挡箭牌。
Bsp. 3: Der Sohn möchte seine Hausaufgaben nicht machen. Als der Vater ihn fragt, nimmt er die Großmutter als Vorwand.

【导火线】 dào huǒ xiàn
Zündschnur, der auslösende Funke

爆炸物的引线，比喻引发事件的事件。
Eine Zündschnur ist häufig ein Bild für kleine Ereignisse, die große auslösen.

例：老谢夫妇吵架了，儿子的成绩不好是导火线；实际上是因为他们俩对赡养老人在看法上有分歧。
Bsp.: Auslöser für den Streit zwischen dem Ehepaar Xie waren die

schlechten Ergebnisse des Sohnes, aber der eigentliche Grund sind Meinungsverschiedenheiten über den Unterhalt für ihre Eltern.

【倒胃口】 dǎo wèikǒu
etwas verdirbt einem den Appetit

胃口就是食欲。倒胃口是影响食欲,看了或听到了什么而不想吃饭。什么事情引起你的反感,那你就说它使你倒胃口了。
weikou ist das chinesische Wort für Appetit. Dao weikou bedeutet wörtlich, dass etwas, was Sie sehen oder hören, Sie den Appetit verlieren lässt. Wenn irgendetwas Ihren Widerwillen hervorruft, dann vergeht Ihnen der Appetit.

例1:这么好的一面墙,画上这么俗气的一幅画,真倒胃口。
Bsp. 1: So ein geschmackloses Bild verdirbt wirklich die schöne Wand.

例2:他们玩的正高兴,你千万不要泼冷水,倒他们的胃口。
Bsp. 2: Sie haben sich gut amüsiert. Verabreiche Ihnen bloß keinen Dämpfer und verdirb ihnen alles.

【倒栽葱】 dào zāi cōng
kopfüber

头朝下,掉下来或跌在地上。
kopfüber hinfallen

例:第一次学骑马,就摔了个倒栽葱。
Bsp.: Als ich Reiten gelernt habe und das erste Mal auf einem Pferd saß, bin ich kopfüber runter gefallen.

Chinesische Redewendungen leicht gemacht

【地头蛇】　　dì tóu shé
eine Schlange in ihrem gewohnten Versteck

在一处地方横行无理、欺压百姓的坏人。
Eine Methapher für lokale Banditen, die willkürlich die Leute terrorisieren.

例：别看他只是个乡长,在当地,他可是个地头蛇。
Bsp.: Auch wenn er nur Bürgermeister ist, ist er im Ort doch ein Fiesling, der die anderen terrorisiert.

【顶梁柱】　　dǐng liáng zhù
Dachbalken

起主要作用的骨干或核心人物。
Personen, die ein wichtiges Rückgrat sind

例：小周虽然没上过大学,但他自己刻苦学习,成了厂里的技术骨干,大家说在业务上他是顶梁柱。
Bsp.: Xiao Zhou war zwar nicht auf der Universität, aber er hat fleißig gelernt und ist zum wichtigsten Techniker in der Fabrik geworden. Alle sagen, er ist die fachliche Stütze.

【定心丸】　　dìng xīn wán
Beruhigungspille

定心丸是一种中成药,吃了可以使人心安。让着急上火的人安定下来,那种办法就是让人吃定心丸。
Das ist eine traditionelle chinesische Medizin zur Beruhigung. Alles, was jemanden, der aufgeregt oder wütend ist, beruhigt, kann als Beruhigungspille bezeichnet werden.

例：玉兰同意五一结婚,终于让大山吃了一颗定心丸。
Bsp.：Yulan hat zugestimmt Dashan am 1. Mai zu heiraten und ihn so endlich beruhigt.

【兜圈子】　dōu quānzi
sich im Kreis bewegen

你或许有过这样的经历,去一个陌生的城市出差或旅游,被出租司机带着在陌生的城市里到处转圈儿,结果你埋怨"怎么这么远"或者"怎么堵车这么厉害？",而司机高高兴兴的收了你的钱,说"谢谢"。那位司机带着你兜圈子了。如果你和人打交道或谈话,你感到自己被人领着走了太多的弯路,那他就是在跟你兜圈子了。
Sie haben vielleicht schon mal in einer fremden Stadt, in die Sie auf Dienstreise oder Urlaub gefahren sind, erlebt, dass der Taxifahrer Sie im Kreis herumfährt. Sie beschweren sich über die weite Strecke und der Fahrer bedankt sich freundlich für Ihr Geld. Der Fahrer ist also absichtlich mit Ihnen im Kreis gefahren. Wenn Sie dieses Gefühl auch im Umgang mit jemand anderem haben, dann wissen Sie, dass er um den heißen Brei redet.

例：有什么话就直说,不要跟我兜圈子。
Bsp.：Sag einfach, was du zu sagen hast. Red nicht um den heißen Brei.

【对着干】　duì zhe gàn
jemandem entgegenarbeiten

跟某人过不去,故意做相反或相对的事。
Man bereitet jemandem Unannehmlichkeiten, wenn man absichtlich das Gegenteil oder das Gleiche macht.

Chinesische Redewendungen leicht gemacht

例：我觉得你不应该跟老板对着干,这样对你对公司都没有好处。
Bsp.：Ich denke, du solltest dich nicht gegen den Chef stellen. Das ist weder für dich noch für die Firma gut.

【耳边风】 ěr biān fēng
die Ohren auf Durchzug haben

话说了,要求提了,也没起一点儿作用,就像风儿从耳边吹过,不留一点儿痕迹一样。
Ein Rat oder ein Wunsch bleiben ungehört, so wie der Wind am Ohr vorbeiweht ohne eine Spur zu hinterlassen.

例：儿子把我的话当做耳边风;可是他老师说的,简直是圣旨。
Bsp.：Bei mir hat mein Sohn seine Ohren auf Durchzug, aber auf das, was sein Lehrer sagt, hört er.

【耳根子软（耳朵软）】 ěr gēnzi ruǎn (ěrduō ruǎn)
leichtgläubig

容易被人说服,轻信别人的奉承和挑拨。
Das bedeutet, man ist leicht zu überreden und glaubt die Komplimente und Provokationen anderer.

例：老张这个人人很好,就是耳朵软,别人说什么都相信,没有自己的主见。
Bsp.：Lao Zhang ist ein netter Mann, aber ist leichtgläubig. Er glaubt alles, was andere sagen und hat keine eigenen Ansichten.

【放空炮】　　fàng kōng pào

leeres Gerede

说了一个或一堆计划，不能实现，就象炮弹打出去了，没有目标，没有效果。

Ein Plan oder Pläne, die sich nicht verwirklichen lassen, sind wie Schüsse, die ohne Ziel abgefeuert werden und keinen Effekt haben.

例：我们现在要实际的行动，不能光说大话，放空炮。

Bsp.：Wir brauchen jetzt praktische Handlungen und können nicht nur große leere Worte von uns geben.

【放风儿】　　fàng fēngr

etwas durchsickern lassen

透露某些信息。

Informationen bekannt werden lassen

例：政府已经放出风儿来了，居民可以去银行贷款买房。

Bsp.：Die Regierung hat schon durchsickern lassen, dass die Bürger bei der Bank Kredite für den Wohnungskauf beantragen können.

【干瞪眼】　　gān dèng yǎn

etwas hilflos mit ansehen

Chinesische Redewendungen leicht gemacht

瞪大眼睛看着某件你不愿意看见的事情发生,无能为力。
Man sieht, dass etwas passiert, was man nicht sehen möchte, kann aber nichts dagegen machen.

例:看着儿子没出息,尽惹麻烦,爸爸妈妈干瞪眼,没有办法。
Bsp.: Der Sohn hat keine guten Zukunftsaussichten, er macht nur Ärger. Und die Eltern können es nur hilflos mit ansehen.

【高姿态】 gāo zītài
eine großzügige Haltung einnehmen

俗话说"大人不计小人过",地位高的人容易原谅地位低的人。所以"高姿态"就是原谅、宽容别人。
Der Volksmund sagt: "Ein Edelmann zählt nicht die Fehler des einfachen Mannes". Diejenigen in hoher Position vergeben leicht denen in niederer Position. "gao zitai" bedeutet eine großherzige Haltung einnehmen, tolerant sein.

例:很多矛盾其实没有什么,如果大家都能高姿态,矛盾很容易就解决了。
Bsp.: Letztendlich sind viele Konflikte keine große Sache. Wenn alle tolerant sind, können Konflikte einfach gelöst werden.

【给…点儿颜色看看】 gěi… diǎnr yánsè kànkan
jemandem eine Lektion erteilen

用比较厉害的脸色或者行为对付别人。
Mit ernster Miene oder Tat jemandem entgegentreten

例:不给他点儿颜色看看,他还以为我们是容易欺负的呢。
Bsp.: Wenn wir ihm keine Lektion erteilen, dann glaubt er, dass er

uns so einfach schikanieren kann.

【关系】 guānxi
Beziehungen

人与人之间的联系,这里是指权利的互相利用。常用搭配有"拉关系","打通关系"等。

Die zwischenmenschlichen Beziehungen beziehen sich hier auf den gegenseitigen Nutzen von Macht. Häufig hört man die Wendungen "Beziehungen knüpfen wollen" oder "Beziehungen auftun".

例:包小姐关系多,所以让她做公司的公关部主任。
Bsp.: Fräulein Bao wurde wegen ihrer Beziehungen zur Leiterin der PR-Abteilung.

【光棍儿】 guāng gùnr
(alter) Junggeselle

没有结婚的男人。
Synonym für einen Junggesellen.

例:大刘快40了,还是个光棍儿。
Bsp.: Da Liu ist fast 40 und immer noch nicht verheiratet.

【喝西北风】 hē xīběifēng
hungern

Chinesische Redewendungen leicht gemacht

饿肚子，没吃的。
hungrig sein, nichts zu essen haben

例：爸爸吃饭的时候说："不能总是因为家里的事儿影响我的工作，这么大一家人，就靠我一个人的工资吃饭，如果我失业了，大家喝西北风儿去呀？"

Bsp.: Beim Essen sagt Vater immer: "Ich kann nicht immer meine Arbeit unter den Familienangelegenheiten leiden lassen. So eine große Familie lebt nur von meinem Gehalt. Was essen wir, wenn ich die Arbeit verliere?"

【红眼病】   hóng yǎn bìng
Eifersucht

嫉妒别人，看见别人得了好处或者成功了，眼睛都红了。
Wenn man auf das Glück oder den Erfolg anderer neidisch ist, werden die Augen ganz rot.

例：不要看见别人发财了，就得红眼病，自己努力工作，也会有机会的。
Bsp.: Sei nicht neidisch auf den Wohlstand anderer. Wenn du fleißig bist, kommt deine Chance auch.

【后悔药】   hòuhuǐ yào
Medizin gegen Reue

后悔药就是治疗后悔的药，那种药一定不是滋味，而且或许根本就没有这种药。难怪人们又说"后悔药哪儿买去呀？"方子就是别做让自己后悔的事。
Diese Medizin würde sicher furchtbar schmecken, wenn es sie gäbe. Kein Wunder, dass man sagt: "wo gibt es Medizin gegen Reue?" Die

beste Methode ist, nichts zu tun, was man bereuen könnte.

例：A：哎,我真不该对她撒谎。
Bsp.：A：Ich hätte sie wirklich nicht anlügen sollen.
　　　B：我当初提醒你不要那么做,怎么样,后悔药难吃吧？
　　　B：Ich habe es dir von Anfang an gesagt. Und, wie schmeckt die Medizin gegen Reue?

【后台(后台老板)】　　hòutái（hòutái lǎobǎn）
Strippenzieher

在背后指使或支持别人的人或组织。
Personen oder Organisationen, die hinter der Bühne agieren.

例：这个公司很有钱,一次公关活动就花了一千多万,你知道它的后台老板是谁吗？
Bsp.：Diese Firma hat viel Geld. Für eine Werbeaktion haben sie über 10 Millionen Yuan ausgegeben. Weißt du wer die Strippen zieht?

【厚脸皮(脸皮厚)】　　hòu liǎnpí（liǎnpí hòu）
ein dickes Fell haben

不讲理或不顾羞耻。
unvernünftig oder unverschämt sein

例：别人不愿意帮这个忙,就别再去求别人了,不要那么厚脸皮了。
Bsp.：Da die anderen nicht helfen wollen, geh sie auch nicht mehr bitten. Sei nicht so unvernünftig.

Chinesische Redewendungen leicht gemacht

【狐狸】 húli
schlau

就象乌鸦被中国人认为是不吉利的象征一样,狐狸被人认为是动物中最狡猾的。因此,狡猾的人被人叫做狐狸;圆滑、世故的人被称作"老狐狸";"狐狸尾巴"比喻暴露出来的坏本质或坏想法。
So wie die Krähe in China ein unheilvolles Symbol ist, wird der Fuchs als das schlaueste aller Tiere angesehen. Gerissene Leute werden deshalb als Fuchs bezeichnet. Ein "alter Fuchs" ist jemand, der durchtrieben und lebensklug ist. Der "Fuchsschwanz" steht für die schlechte Natur eines Menschen oder böse Absichten.

例1:你不要跟他这种人斗,他是有名的"老狐狸"。
Bsp. 1: Du brauchst dich nicht mit so einem zu messen, er ist ein berühmter "alter Fuchs".

例2:狐狸再狡猾也斗不过好猎手。
Bsp. 2: Auch der schlaueste Fuchs kann dem besten Jäger nicht entkommen.

【花架子】 huā jiàzi
Gehabe

样子很好看,很花哨,但是没有什么内容。
wird verwendet für Dinge, die hübsch und bunt sind, aber keinen Nutzen haben oder inhaltsleer sind

例1:A:听说,老李的功夫很厉害。
Bsp. 1: A: Ich habe gehört, dass Lao Li sehr geschickt ist.
　　　 B:没什么,都是花架子。
　　　 B: Nicht wirklich, das ist nur Gehabe.

例2：在我们公司,每个人都应该注重实际,不要摆花架子。
Bsp. 2：Es ist wichtig, dass jeder in unserer Firma die Realität im Blick hat und nicht nur irgendwelches Gehabe an den Tag legt.

【回头客】　huí tóu kè
Stammkunde

因对服务感到满意而再次光顾的顾客。
"huitou ke" sind solche, die wiederkommen, weil sie mit dem Service zufrieden waren

例：不要希望火车站旁边的餐馆有什么好的服务,因为他们那儿客流量大得很,他们不需要什么回头客。
Bsp.：Von den Restaurants in der Nähe vom Bahnhof brauchst Du keinen guten Service erwarten, weil es dort zu viele wechselnde Gäste gibt. Die brauchen keine Stammgäste.

【和稀泥(抹稀泥)】　huó xī ní (mǒ xī ní)
Schlamm mit Wasser mischen(mit Schlamm überstreichen)

不讲原则地调解争端或矛盾。中文叫和稀泥的人为"和事佬"。
Konflikte auf Kosten von Prinzipien beilegen. Die Person, die sich dafür einsetzt, ist ein "Friedensstifter".

例：一个单位有时候也需要一个和稀泥的人,这样很多矛盾容易解决。
Bsp.：Damit Konflikte einfacher gelöst werden können, benötigen Institutionen auch ab und zu Friedensstifter.

Chinesische Redewendungen leicht gemacht

【鸡毛蒜皮(的小事)】jī máo suàn pí (de xiǎo shì)
Kleinigkeiten wie Hühnerfedern und Knoblauchschalen

"鸡毛"和"蒜皮"都是可吃的东西上需要去除的部份,而且分量都很轻。用来比喻那些既经常发生又无关紧要的小事。
Sowohl Hühnerfedern als auch Knoblauchschalen müssen vor dem Essen entfernt werden. Beides hat wenig Gewicht. Deshalb werden sie als Metapher für Alltäglichkeiten oder unbedeutende Kleinigkeiten verwendet.

例:老刘的老婆经常和邻居吵架,多是因为一些鸡毛蒜皮的小事。
Bsp.: Die Frau von Lao Liu Liu streitet oft mit den Nachbarn, meist über Kleinigkeiten.

【揭老底(揭…的老底)】 jiē lǎodǐ (jiē…de lǎodǐ)
die Wahrheit aufdecken, jemandes Vorgeschichte aufdecken

揭露内情或说出底细,也可以说"揭老底子"。
Hintergrundinformationen oder Geheimnisse an die Öffentlichkeit bringen

例:请你转告郑先生,不要再闹了,再闹担心有人揭他的老底。
Bsp.: Bitte übermitteln Sie Herrn Zheng, dass er keinen weiteren Ärger machen soll. Ansonsten werden wir seine alten Geheimnisse aufdecken.

【紧箍咒】　jǐn gū zhòu
Beschränkung

《西游记》里的猴王头上有道金箍,猴王的师傅一念咒语,猴王就感到疼痛难忍。所以紧箍咒就是让人听了感到头疼或有所顾忌的东西。
Im Roman "Die Reise nach dem Westen" trägt der Affenkönig einen goldenen Reif um den Kopf. Wenn sein Meister einen Zauberspruch aufsagt, erleidet der Affenkönig unerträgliche Schmerzen. Heute wird die Redewendung für Dinge verwendet, die einem Bedenken und Kopfschmerzen bereiten.

例：父母想让儿子上一个好的大学,常常在儿子面前念这道紧箍咒,现在虽然儿子已经考上了大学,但一听到考大学这几个字,就头疼。
Bsp.: Die Eltern wollen, dass ihr Sohn auf eine gute Universität geht und wiederholen das immer wieder. Auch wenn der Sohn jetzt auf die Uni geht, bekommt er Kopfschmerzen, wenn er das Wort Aufnahmeprüfung hört.

【君子协定】　jūnzi xiédìng
Absprache unter Ehrenleuten

翻译们经常将"君子"译成 gentleman。孔子描述的"君子"非常讲信用,一诺千金。因此君子之间的协定,是口头协定。
"junzi" wird oft als Gentleman übersetzt. Laut Konfuzius hält der "junzi" (Edle) sein Wort. Deshalb ist eine Absprache unter Ehrenleuten auch mündlich.

例：老刘批评小刘说:"这么大的事怎么能搞君子协定呢,一定要有个书面合同的。"

Chinesische Redewendungen leicht gemacht

Bsp.: Lao Liu kritisiert Xiao Liu: "Wie kann man sich in einer so wichtigen Sache auf ein Ehrenwort verlassen? Wir brauchen unbedingt einen schriftlichen Vertrag."

【开绿灯】　　kāi lǜ dēng
grünes Licht geben

交通法规：红灯停，绿灯行，为某某开绿灯就是给他方便，给他特殊政策。
Nach den Verkehrsregeln muss man bei Rot halten und kann bei Grün fahren. Wenn jemandem grünes Licht gegeben wird, dann ist das eine Erleichterung, ein Privileg.

例：孙厂长对夫人吼道："不能用公车干私活儿，如果给你开这样的绿灯，我这个厂长还怎么干了？"
Bsp.: Fabrikdirektor Sun schrie seine Frau an: "Wir können den Dienstwagen nicht für private Belange nutzen. Wenn ich dir das erlaube, wie kann ich dann weiter als Fabrikdirektor arbeiten?"

【开门红】　　kāi mén hóng
einen guten Start haben

做的第一件事就取得好成绩或好效果。
Gleich mit der ersten Sache einen Erfolg oder gute Ergebnisse erzielen.

例：厂里今年一开始就取得了开门红，第一个季度就超额完成了任务。
Bsp.: Unsere Fabrik hatte dieses Jahr einen guten Start. Im ersten

Quartal haben wir unsere Aufgaben übererfüllt.

【开小差】 kāi xiǎochāi
desertieren（Soldat）

当兵的怕死或受不了苦,中途逃跑了就是开小差。思想不集中,也叫开小差。

Ursprünglich bezeichnet diese Redewendung Soldaten, die aus Furcht vor dem Tod oder weil sie es nicht ertragen, desertieren. Jetzt bedeutet sie auch "nicht aufpassen, mit den Gedanken woanders sein".

例：经理咳嗽了一声,对大家说:"这是个新规定,我给大家念念,听了以后还要大家讨论一下,大家听的时候不要开小差。"

Bsp.：Der Manager räusperte sich und sagte zu allen: "Ich werde jetzt die neuen Regeln vorlesen. Danach werden wir darüber diskutieren. Bitte seien Sie aufmerksam."

【侃大山】 kǎn dà shān
plaudern

北京方言,表示吹牛,没有目的地聊天。
Peking Dialekt, prahlen, quatschen

例1：他夫人看不惯他每天没事,光与人侃大山。

Bsp. 1：Seine Frau kann es nicht leiden, dass er jeden Tag mit anderen unnütz herumschwatzt.

例2：他真能侃(大山),一个上午就听他一个人说了。

Bsp. 2：Er ist wirklich ein guter Erzähler. Wir haben ihm den ganzen Vormittag zugehört.

Chinesische Redewendungen leicht gemacht

【靠边站】 kào biān zhàn
zur Seite treten

不受重用了或被撤职了。政治人物靠边站,也叫"下台";在爱情上靠边站,叫"被甩了"或"被蹬了"。

Das bedeutet, dass jemand seine wichtige Stellung verliert oder entlassen wird. In der Politik heißt es "xia tai" (von der Bühne abtreten), in der Liebe "bei shuai le /bei deng le" (einen Korb bekommen).

例:尽管刘老头早已不是厂长,靠边站了,可是厂里的大事小事他还是喜欢管一管的。

Bsp.: Auch wenn der alte Liu schon lange nicht mehr Fabrikdirektor ist, kümmert er sich gern um alle großen und kleinen Angelegenheiten in der Fabrik.

【空头支票】 kōng tóu zhīpiào
geplatzter Scheck

不能生效的支票,不能兑现的诺言。
meint ein leeres Versprechen

例:我以前工作的那个公司,老板喜欢乱开空头支票,结果什么也不能兑现。

Bsp.: In der Firma, in der ich früher gearbeitet habe, hat der Chef gern leere Versprechen gegeben und nichts davon eingehalten.

【拉下水】 lā xià shuǐ
jemanden in etwas hineinziehen

引诱某人做坏事或犯错误。

jemanden dazu verleiten etwas Schlechtes zu tun oder einen Fehler zu begehen

例： 考上戏剧学院以后，大家都以为小丁前途远大，没想到他会被一帮吸毒的拉下水，成了瘾君子。

Bsp.： Nachdem Xiao Ding an der Theaterhochschule zugelassen wurde, dachten alle, er habe eine sehr gute Zukunft vor sich. Niemand hätte vermutet, dass er zum Drogenkonsum verleitet werden könne und abhängig werden würde.

【烂摊子】　　làn tānzi
Saustall

无法收拾的局面，难以整顿的工作。

ein Chaos, das sich schwer bereinigen lässt; eine Angelegenheit, die sich kaum korrigieren oder verbessern lässt

例： 旧老板屁股一拍走了，留下这么一个烂摊子，谁也没有什么好办法。

Bsp.： Der alte Chef hat einen Saustall hinterlassen. Niemand weiß, was da die beste Lösung ist.

【老大难】　　lǎo dà nán
der wunde Punkt

一个老问题，一个大问题，也是一个难问题。

ein altes, großes, schwieriges Problem

例： 职工们住得太远，免不了迟到，这是一个老大难问题。

Bsp.： Die Belegschaft wohnt so weit entfernt, dass sie oft zu spät

Chinesische Redewendungen leicht gemacht

kommt. Das ist das ewige Problem.

【老掉牙】　　lǎo diào yá
altmodisch

人老了就开始掉牙齿了。
Im Alter verlieren die Menschen ihre Zähne.

例：尽管这辆自行车都老掉牙了，可是老孙还是舍不得扔掉。
Bsp.：Auch wenn dieses Fahrrad vorsintflutlich ist, kann sich Lao Sun nicht davon trennen.

【老皇历】　　lǎo huánglì
abgelaufen, ein alter Hut

过了时的皇历，比喻过了时的事或规定。
Ein abgelaufener Kalender steht für veraltete Gepflogenheiten oder Regeln

例：A：听说外国人去公园玩儿买的票跟中国人不一样？
Bsp.：A：Ich habe gehört, dass Ausländer in China in Parks andere Eintrittspreise zahlen als Chinesen.

B：那已经是老皇历了。
B：Das ist schon längst Vergangenheit.

【老油条】　　lǎo yóutiáo
aalglatter, gerissener Kerl

"油"给人一种滑溜的感觉，油条满身是油，比喻处事圆滑、社会经验极其丰富的人，从感觉上是恰如其分的。
Bei "you" denkt man an etwas Schmieriges. Kein Wunder also, dass

"youtiao"（in Öl gebackene Krapfenstangen）, die ganz fettig sind, als Metapher für Menschen genommen werden, die reich an Erfahrungen und sehr gerissen sind.

例：那位赵老板可是个老油条,跟他打交道可得分外小心。
Bsp.：Dieser Manager Zhang ist aalglatt. Du musst extrem vorsichtig sein, wenn du mit ihm zu tun hast.

【冷门儿】　　lěng ménr
unattraktiv, wenig gefragt

少有人注意的事。
etwas, das kaum beachtet wird

例：当时我考法律专业时,还是个冷门儿。
Bsp.：Als ich damals Jura gewählt habe, war es ein ganz unattraktives Fach.

【撂挑子】　　liào tiāozi
seinen Job quittieren

半途丢下应该负担的活儿,甩手不干了。
auf halbem Wege seine Arbeit hinschmeißen

例：负责电脑维修的人撂挑子走了,公司里一下子乱了套。
Bsp.：Der Mitarbeiter, der für den technischen Support der Computer zuständig ist, hat seinen Job quittiert. Jetzt herrscht in der Firma großes Chaos.

【临时抱佛脚】　　línshí bào fó jiǎo
im letzten Moment alle Hebel in Bewegung setzen

Chinesische Redewendungen leicht gemacht

俗话说"平时不烧香,临时抱佛脚"。就是平时不跟佛烧点儿香,碰到麻烦了就去找佛保佑,比喻事情到紧急的时候再想办法,已经来不及了。

Eine Redensart lautet:"Wenn alles in Ordnung ist, keinen Weihrauch verbrennen, aber in höchster Not Buddhas Füße umklammern." Das bedeutet übertragen, es ist zu spät erst in kritischen Situationen eine Lösung zu suchen.

例:爸爸:儿子,已经12点了,你还不睡觉,明天学习会没有精神的。

Bsp.:Vater:Kind, es ist schon 12 Uhr. Geh ins Bett, sonst bist du morgen in der Schule unkonzentriert.

儿子:我再学会儿,后天就要考试了。

Sohn:Ich lerne noch ein bisschen, die Prüfung ist schon übermorgen.

爸爸:你平时不认真学习,想临时抱佛脚,恐怕已经晚了吧?

Vater:Normalerweise bist du nicht so fleißig. Glaubst du nicht, dass es zu spät ist, wenn du jetzt erst anfängst?

【露马脚】　　lòu(lù)mǎjiǎo
sich bloßstellen

这就跟说"露出了狐狸尾巴"一样,表示露出了破绽。
Wie "den Fuchsschwanz zeigen", bedeutet diese Redewendung seine Schwachstelle zeigen.

例:这位自称是香港商人的人终于露出了马脚,原来他是一个骗子。

Bsp.:Dieser selbsternannte Hongkonger Geschäftsmann hat sich schließlich selbst als Betrüger zu erkennen gegeben.

【马后炮】 mǎ hòu pào
(mit einem Rat) zu spät kommen

中国象棋术语,这里是指行动或言论落后于形势,晚了。
Diese Wendung stammt aus dem chinesischen Schach und bedeutet hier, mit Rat oder Tat zu spät kommen.

例:事情既然已经发生了,我们还是想办法解决吧,不要说"如果",放马后炮了。
Bsp.: Da es nun einmal passiert ist, lass uns eine Lösung finden. Für ein "falls" ist es zu spät.

【马拉松】 mǎlāsōng
Marathon

马拉松是距离最长的赛跑,所以这个词也跟英文,德文一样,有旷日持久的意思。
Der Marathon ist die längste Laufstrecke. Wie in anderen Sprachen, beschreibt das Wort einen langwierigen Prozess.

例:董事长是一个开会迷,每个会议都是一场马拉松。
Bsp.: Der Geschäftsführer liebt Meetings und jedes ist eine Marathonsitzung.

【卖狗皮膏药】 mài gǒu pí gāoyào
Ramsch verhökern

Chinesische Redewendungen leicht gemacht

大街上有时能看见一人光着膀子、唾沫横飞地夸他的膏药什么的可以治百病。这种人就是卖狗皮膏药的，生活中，生意场上也不乏这样的推销自己的狗皮膏药商。

Manchmal sieht man auf der Straße Männer mit nackten Schultern, die Pflaster als Allheilmittel anpreisen. Solche Leute, die Ramsch verhökern, trifft man recht häufig an.

例：妈妈告诉女儿不要给上门推销商品的人开门，说他们都是些卖狗皮膏药的，尽骗人。

Bsp.: Die Mutter hat ihrer Tochter gesagt, sie solle die Tür nicht für Haustürverkäufer öffnen. Sie verkauften nur Ramsch und seien Betrüger.

【卖关子】 mài guānzi
jemanden auf die Folter spannen

小说或说书的讲到最紧要处突然停下来，吊读者或听众的胃口。与人打交道时在最关键、最吸引人的时候停下来，目的是想让对方同意自己的要求，这就是卖关子。

In Romanen und Erzählungen wird die Geschichte an ihrem Höhepunkt unterbrochen, um die Spannung beim Leser zu halten. Diese Technik kann auch im Umgang mit Menschen angewandt werden – im entscheidenden Moment die Handlungen stoppen, um die andere Seite zum Einlenken zu bewegen.

例：A：老板，××公司来电话，说如果不能满足他们的要求，这个合同就签不了了。

Bsp.: A: Chef, die Firma XX hat angerufen und gesagt, dass sie den Vertrag nicht unterschreibt, wenn wir nicht auf ihre Forde-

rungen eingehen.

B：别听他们卖关子,这份合同难道不也是他们希望的吗？

B：Nehmen Sie das nicht ernst. Die wollten doch auch den Vertrag, oder nicht?

【毛毛雨】　　máo máo yǔ
Nieselregen

比喻很少的钱。说这话的时候,最好学一点儿香港、广东口音的普通话。

Bezeichnet eine ganz kleine Summe Geld. Diese Wendung sollte man möglichst auf Kantonesisch sagen.

例：那位"大款"把腰上的钱袋一拍,说："这点小钱,毛毛雨啦,毛毛雨啦。"

Bsp.：Der "Geldsack" klopft auf seine dicke Geldbörse und sagt："Das bisschen Geld ist doch überhaupt nichts."

【蒙在鼓里】　　méng zài gǔ lǐ
über etwas im Unklaren gelassen werden

对发生的与自己有关的事情一点儿也不知道。

Der Betroffene weiß überhaupt nicht was geschieht.

例：这件事除了徐秘书,别人都还蒙在鼓里呢。

Bsp.：Außer Sekretärin Xu wurden alle über diese Sache im Unklaren gelassen.

【磨洋工】　　móyánggōng
sich einen Lenz machen

白白耽误时间,不干事儿。这词儿一定是上个世纪初上海一些外

Chinesische Redewendungen leicht gemacht

国工厂里的中国工人们的创造。

Zeit vertrödeln und nichts tun. Von der Bedeutung der einzelnen Zeichen her, wurde diese Wendung sicherlich von chinesischen Arbeitern in ausländischen Fabriken in Shanghai zu Beginn des letzten Jahrhunderts erfunden.

例：如果你不能在感情上团结你的职员，那么他们就会想尽一切办法和你磨洋工。

Bsp.：Wenn du dich nicht auf emotionaler Ebene solidarisch mit der Belegschaft zeigst, wird sie sich alles Mögliche ausdenken, um bei der Arbeit zu faulenzen.

【拿手戏】　　ná shǒu xì

Paradestück

某人最擅长的技术、能力。

bezeichnet die Stärken oder besonderen Fähigkeiten von jemandem

例：一边打电话一边用电脑工作是小曹的拿手戏。

Bsp.：Xiaocaos besondere Fähigkeit ist es zu telefonieren, während er am Computer arbeitet.

【拍板(儿)】　　pāi bǎn(r)

eine endgültige Entscheidung treffen

以前的生意场上,买卖双方拍一下木板表示成交,如今"拍板"比喻作出决断。
Früher war es bei Geschäftsabschlüssen üblich, dass beide Parteien auf Holz klopften, um anzuzeigen, dass sie sich handelseinig geworden sind. Heute bedeutet "pai banr" eine endgültige Entscheidung treffen.

例:这事情还是得董事长拍板,我们还没有这个权力。
Bsp.: Der Geschäftsführer muss in dieser Sache die endgültige Entscheidung treffen. Wir haben nicht die Befugnis dazu.

【拍马屁】　　pāi mǎ pì
schmeicheln
例:他这个人别的本事没有,拍马屁可是高手。
Bsp.: Er kann nichts weiter als sich einschmeicheln.

【泡汤】　　pào tāng
ins Wasser fallen

北方话还可以说"黄了",也就是事情落空了,没有指望了。
Im Norden heißt es auch "huang le", es bedeutet, dass etwas scheitert und keine Hoffnung auf Erfolg besteht.

例:他说要研究研究,就是说我们的事情要泡汤了。
Bsp.: Er hat gesagt, dass sie es besprechen werden, aber das bedeutet nichts anderes als dass die Sache ins Wasser gefallen ist.

【炮筒子】　　pàotǒngzi
jemand, der kein Blatt vor den Mund nimmt

Chinesische Redewendungen leicht gemacht

炮弹一点火,炮筒子就将炮弹送出去。有人性格就像炮筒子,没有任何转弯儿的地方。想到什么,就直说出来。
Sobald das Geschoß entzündet ist, wird es aus dem Geschützrohr geschossen. Manche Menschen sind vom Charakter wie Geschützrohre, sie sagen, was sie denken, nicht um zehn Ecken, sondern gerade heraus.

例：周太太是个炮筒子性格,邻居们都知道这一点,就不计较她了。
Bsp.: Frau Zhou nimmt kein Blatt vor den Mund. Alle Nachbarn wissen das und nehmen es ihr nicht übel.

【碰钉子】　　pèng dīngzi
sich eine Abfuhr holen

例：周医生下岗以后,去了好几个医院去找工作都碰了钉子。
Bsp.: Nachdem Dr. Zhou entlassen worden war, versuchte er in verschiedenen Krankenhäusern eine Stelle zu bekommen, aber er holte sich überall eine Abfuhr.

【碰一鼻子灰】　　pèng yí bìzi huī
auf die Nase fallen

与"碰钉子"同。
wie "peng dingzi"

例：徐秘书看见经理心情不错,就趁机提出加薪的要求,没想到碰了一鼻子灰。
Bsp.: Als Sekretärin Xu sah, dass der Manager gut gelaunt war, nutzte sie die Gelegenheit, um nach einer Gehaltserhöhung zu fragen.

Sie hätte nicht gedacht, dass sie sich eine Abfuhr holen würde.

【泼冷水】　　pō lěng shuǐ
jemandem eine kalte Dusche verpassen

当一个巧舌如簧的推销员跟你推销他的伪劣产品,而你又在为能买到那样的伟大"产品"激动不已的时候,最需要别人给你泼一瓢冷水。"泼冷水"就是打消别人的积极性和热情的意思。

Wenn ein cleverer Verkäufer versucht, Ihnen schlechte Qualität zu verkaufen und Sie ganz begeistert sind, so etwas "Tolles" kaufen zu können, dann muss jemand her, der Ihren Enthusiasmus dämpft, Ihnen also eine kalte Dusche verpasst, um Sie auf den Boden der Tatsachen zurückzuholen.

例1:你别尽给孩子泼冷水,多学点儿东西总没坏处。
Bsp. 1: Dämpf nicht die Lernbegeisterung deines Kindes, mehr zu lernen ist nie falsch.

例2:不是我给你泼冷水,你的这个计划有点儿问题。
Bsp. 2: Ich wollte dich nicht entmutigen, nur funktioniert dein Plan so nicht.

【气管炎(妻管严)】　　qìguǎn yán (qī guǎn yán)
Pantoffelheld

俗话就是怕老婆。
Eine Redensart, die jemanden beschreibt, der Angst vor seiner Frau hat.

Chinesische Redewendungen leicht gemacht

例：别看老刘长得又高又大，象个黑社会的人，可他还是个气管炎呢。
Bsp.：Lao Liu ist zwar groß und stark, so wie ein Mafioso, aber er ist ein Pantoffelheld.

【敲竹杠】 qiāo zhú gàng
jemandem das Fell über die Ohren ziehen

以某种借口或利用某人的弱点，索取钱财或抬高价格。
Unter einem Vorwand oder unter Ausnutzung seiner Schwächen jemandem Geld abluchsen oder die Preise hoch treiben.

例：老张说："千万别买熟人推销的产品，熟人更喜欢敲竹杠呢"。
Bsp.：Lao Zhang sagte："Kauf niemals, was dir ein Bekannter anpreist, der wird dir das Fell über die Ohren ziehen."

【清一色】 qīng yí sè
gleichartig, eintönig

来自麻将。麻将的牌分万、条、筒、风四种。如果和牌是纯一种牌，就是清一色。现在多借用来比喻同种类型或一个样子。
Diese Wendung stammt aus dem Majiang-Spiel, in dem es vier verschiedene Sorten Steine gibt. Wenn man mit den Steinen einer Sorte gewinnt, heißt das "qing yi pai". Heute wird es übertragen verwendet für etwas Gleichartiges.

例：我们办公室里是清一色的清华大学毕业生。
Bsp.：In unserem Büro sind alle Absolventen der Qinghua Universität.

【求爷爷告奶奶】 qiú yéye gào nǎinai
überall um Hilfe bitten

为办成一件事，低声下气到处求人。
um eine Sache zustande zu bringen, überall kniefällig um Hilfe bitten

例：为了给儿子找一个好一点儿的工作，李先生求爷爷告奶奶地跑了不少地方。

Bsp.：Um für seinen Sohn eine gute Arbeit zu finden, hat Herr Li überall kniefällig um Hilfe gebeten.

【热门儿】　　rè ménr
beliebt

正流行的东西，反义词是冷门儿。
etwas, das in Mode ist, das Gegenteil von "leng menr"

例：当律师现在正是热门儿。
Bsp.：Rechtsanwalt ist heute ein beliebter Beruf.

【杀(煞)风景】　　shā(shà) fēngjǐng
jemandem den Spaß verderben, einen schönen Anblick zerstören

让人扫兴的行动或事情。
ein Verhalten oder eine Sache, die jemanden verstimmt

例：这么漂亮的地方竖了这么多广告牌，真是杀风景。
Bsp.：Die vielen Werbeplakate verderben wirklich diesen schönen Anblick.

Chinesische Redewendungen leicht gemacht

【伤脑筋】　　shāng nǎojīn
sich den Kopf zerbrechen

事情难办，把头都想疼了。
Wenn ein Sache verzwickt ist, bereitet sie einem Kopfzerbrechen.

例：老赵正在为女儿的婚事伤脑筋呢。
Bsp.：Lao Zhang zerbricht sich gerade den Kopf über die Hochzeit seiner Tochter.

【事后诸葛亮（事后诸葛）】　　shì hòu Zhūgé Liàng（shì hòu Zhūgé）
Hinterher ist jeder klüger

事情过去了，再显示自己的先知先觉，就被人讽刺为事后诸葛亮，因为诸葛亮是事前知道事情的结果的。
"Hinterher ist jeder klüger" wird spöttisch zu denen gesagt, die hinterher meinen, sie wussten eigentlich vorher, wie die Sache ausgehen wird. Der wahre Zhuge Liang war sehr weitsichtig und wusste vorher, zu welchen Konsequenzen etwas führen wird.

例：做信息生意的人不能事后诸葛亮。
Bsp.：Um in der IT-Branche erfolgreich zu sein, muss man vorher wissen, wie sich etwas entwickeln wird.

【竖大拇指】　　shù dà múzhǐ
Daumen hoch

大拇指朝上，一般都认为是表示赞许。
Bei Zuspruch wird der Daumen hochgehalten.

例：李会计的业务确实是公司里最好的，没有人不对他竖大拇指的。

Bsp.：Li ist der beste Buchhalter der Firma, er findet bei jedem Anerkennung.

【耍花招（耍滑头）】　　shuǎ huāzhāo（shuǎ huátóu）
falsches Spiel treiben

用计谋骗人。

jemanden austricksen

例：我们公司的宗旨是永远对顾客诚实，不耍花招。

Bsp.：Unser Firmenmotto lautet: Immer aufrichtig zu den Kunden, keine faulen Tricks.

【耍嘴皮子】　　shuǎ zuǐpízi
den Mund voll nehmen

卖弄口才，或光说不做。

Eloquentes, aber leeres Gerede.

例：我们需要实干的人，不要光耍嘴皮子的人。

Bsp.：Wir brauchen jemanden, der anpackt und nicht nur den Mund voll nimmt.

【说风凉话】　　shuō fēngliáng huà
ironische Bemerkungen machen

出于嫉妒心理冷言冷语讽刺别人（特别是做出了成绩的人）

Aus Neid werden ironische Bemerkungen gegenüber denjenigen

Chinesische Redewendungen leicht gemacht

gemacht, die Erfolg haben.

例：周小姐看见李小姐的工作出色，就到处说风凉话。

Bsp.：Fräulein Zhou war neidisch auf die gute Arbeit von Fräulein Li und machte überall ironische Bemerkungen über sie.

【死心眼儿】　　sǐ xīnyǎnr
verbissen

过去古人认为心是思想的器官，而且聪明人的心是有空间的，笨人的心是死板一块。因此有"死心眼儿"和"心眼儿活"的说法。

Früher dachte man, dass mit dem Herzen gedacht wird. Bei klugen Menschen ist Platz im Herzen, bei Dummen ist es verknöchert. Deshalb gibt es die Redewendungen "si xinyanr" und "xinyanr huo".

例：大家都说老李是死心眼儿，没有一点灵活性。

Bsp.：Alle sagen, dass Lao Li ein Dickschädel ist, völlig unflexibel.

【算老几】　　suàn lǎo jǐ
Was glaubst du, wer du bist?

中国人喜欢按年龄、按地位排名次，因此"你算老几？"也是一句很有力的问话，表示对别人极度瞧不起。

Seniorität und Status sind in China sehr wichtige Kriterien für die Rangfolge. "suan lao ji?" bringt deshalb ganz deutlich zum Ausdruck, dass man von jemandem überhaupt nichts hält.

例：刘小姐刚来不久就被提升为副经理，有人不满地说："她算老几呀？"

Bsp.：Kaum war Fräulein Liu da, wurde sie auch schon zur stellvertretenden Direktorin befördert, womit einige nicht einverstanden sind：" Was glaubt sie, wer sie ist？"

【随大流】　　suí dà liú
dem allgemeinen Trend folgen, mit dem Strom schwimmen

从众心理是一种普遍心理。跟大家一样,不会出现俗话说的"枪打出头鸟"。
Es den anderen gleichzutun, ist ein ganz übliches Verhalten. Und man läuft nicht Gefahr "als Leitvogel von einem Schuss getroffen zu werden", wie eine Redensart lautet.

例：做服装设计的必须有创新意识,不能随大流。
Bsp.：Als Modedesigner muss man kreativ sein und nicht dem allgemeinen Trend folgen.

【台柱子】　　tái zhùzi
tragende Rolle

戏班子中的主要演员,口语中常比喻集体中的骨干。
Ursprünglich wurde damit der Star in einer Theatertruppe bezeichnet, umgangssprachlich ist die Stütze einer Organisation gemeint.

例1：公司在业务方面缺少台柱子式的人物,关键时候没有人能解决问题。
Bsp.1：In unserer Firma fehlt eine Stütze, die：in entscheidenden Momenten Probleme lösen kann.

Chinesische Redewendungen leicht gemacht

例2：刘工程师是公司的台柱子，他一走，公司就得垮。
Bsp. 2: Ingenieur Liu ist die Stütze der Firma, wenn er weggeht, bricht die Firma zusammen.

【踢皮球】　　　tī pí qiú
einander die Verantwortung zuschieben

像踢皮球一样把事情和责任踢给别人。
So wie ein Ball hin- und her geschossen wird, wird die Verantwortung immer wieder jemand anderem zugeschoben.

例：办一件事情不在人多，人多了有时候踢皮球，你踢给我，我踢给你，没人负责。
Bsp.: Man braucht nicht unbedingt viele Leute, um etwas zu erledigen. Manchmal schieben die nur einander die Verantwortung zu und schließlich ist niemand zuständig.

【替罪羊】　　　tì zuì yáng
Sündenbock

替别人承担罪过的人。
jemand, dem die Schuld zugeschoben wird

例：项目没有做成，损失了几百万元，我成了替罪羊。
Bsp.: Das Projekt ist fehlgeschlagen, mehrere Millionen Yuan sind verloren und ich wurde zum Sündenbock gemacht.

【铁饭碗】　　　tiě fànwǎn
eiserne Reisschüssel

有稳固的工作，固定的收入。这是一个时髦的词语，但也是一个快要过时的现象。

Das ist eine Metapher für eine feste Stelle und ein stabiles Einkommen. Das ist zwar ein Modewort, aber die Sache an sich ist schon so gut wie überholt.

例：李老板大声对他的部下说："这儿没有铁饭碗,谁不负责任就请谁走人。"

Bsp.: Manager Li sagte laut zu seinen Untergebenen: "Hier gibt es keine eisernen Reisschüsseln. Wer keine Verantwortung übernehmen will, kann gehen."

【铁公鸡】　　tiě gōngjī
Geizkragen

十分吝啬的人。俗话说"铁公鸡一毛不拔"。

Ein äußerst geiziger Mensch. Im Volksmund heißt es "Einem eisernen Hahn kann man keine Feder ausrupfen."

例：小林劝新来的小周："不要轻易向老板提奖金的事,他可是个名副其实的铁公鸡。"

Bsp.: Xiao Lin hat Xiao Zhou, dem Neuen, geraten: "Erwähn dem Chef gegenüber nicht leichtfertig das Thema Prämien. Er ist ein absoluter Geizkragen."

【捅娄子】　　tǒng lóuzi
einen Schlamassel anrichten

引起麻烦,惹起祸事。

Ärger machen, ein Unglück heraufbeschwören

例：新招聘来的秘书尽给我捅娄子,把好事办坏了。

Bsp.: Die neue Sekretärin macht mir nur Ärger, alles geht schief.

Chinesische Redewendungen leicht gemacht

【土包子】　　tǔ bāozi
Landei

没有见过世面的人,一般形容农村人,也叫"乡巴佬"。
Jemand, der noch nichts von der Welt gesehen hat, meist werden Leute vom Land so bezeichnet, auch "xiangbalao" (Hinterwäldler).

例:吉姆说他来自美国西部一个小镇,是一个美国土包子。
Bsp.: Jim sagt, er kommt aus einem kleinen Ort im Westen der USA, er ist also ein amerikanisches Landei.

【拖后腿】　　tuō hòu tuǐ
für jemanden eine Belastung sein, jemanden behindern

牵制或拖累别人,特别是自己的亲属。
jemanden behindern oder belasten, vor allem die eigene Familie

例:小李刚结婚就得为公司出差,而且去南非,一去就是两个月,小李的新婚夫人对他说:"你去吧,以工作为重,我不拖你的后腿。"
Bsp.: Kaum verheiratet, muss Xiao Li zwei Monate auf Dienstreise nach Südafrika. Seine Ehefrau sagt zu ihm: "Fahr nur. Die Arbeit geht vor. Ich werde dir nicht im Weg sein."

【挖墙脚】　　wā qiángjiǎo
jemandem das Wasser abgraben, die Basis zerstören

使别人(集体)的事情不能顺利的进行,或将别的公司(单位)的业务骨干要走,就是挖墙脚。

191

Jemandem Probleme machen oder einer Firma wichtiges Personal abwerben.

例：××和××是他们足球俱乐部的核心队员，但都被别的俱乐部挖墙脚挖走了。

Bsp.：×× und ×× sind die wichtigsten Spieler in der Mannschaft, aber sie wurden von einem anderen Fußballverein abgeworben.

【乌纱帽】　　wū shā mào

Beamtenposten

过去文官头上戴的帽子，象征着官位。

Die Beamten trugen früher eine Kappe, was als Symbol für einen Beamtenposten gilt.

例：这回孙处长是真的生了气，他说："我就不信世界上有这样不讲原则的局长，我的乌纱帽不要了，也要管管这事。"

Bsp.：Dieses Mal war Abteilungsleiter Sun wirklich wütend und sagte："Ich glaube nicht, dass es irgendwo auf der Welt einen so prinzipienlosen Amtsleiter gibt. Ich werde mich um die Sache kümmern, auch wenn es mich meinen Posten kostet."

【无底洞】　　wú dǐ dòng

ein Fass ohne Boden

永远也填不满的洞，永远也满足不了的要求。

Ein Fass, das niemals gefüllt werden kann, Forderungen, die niemals erfüllt werden können.

例：小王来自山东农村，弟兄姐妹7个，只有他一个人有稳定的收入，家里用钱都指望他。用他自己的话说，家里是一个永远也

Chinesische Redewendungen leicht gemacht

填不满的无底洞。

Bsp.： Xiao Wang stammt aus einem Dorf in Shandong, aus einer Familie mit sieben Geschwistern. Er ist der einzige mit einem stabilen Einkommen und alle Familienmitglieder zählen auf das Geld. In seinen eigenen Worten ist seine Familie wie ein Fass ohne Boden.

【下海】　xià hǎi
sich selbständig machen

经商的意思。

in die freie Wirtschaft gehen

例：前两年,在机关工作的公务员都想下海去,听说现在不少人又想回机关工作。

Bsp.： In den letzten Jahren haben sich viele Beamte selbständig gemacht. Ich habe gehört, dass jetzt viele allerdings wieder zurück auf ihre Posten wollen.

【下台阶】　xià táijiē
einen Ausweg finden

找个借口摆脱困境。

eine Möglichkeit finden, um aus einer schwierigen Situation herauszukommen

例：新的经理讲话很不客气,不给前任下台阶的机会。

Bsp.： Der neue Manager ist sehr direkt, er hat seinem Vorgänger keine Möglichkeit gegeben, ehrenvoll aus der Sache herauszukommen.

【香饽饽】 xiāng bōbo
eine gefragte Person

好吃的糕点,比喻受欢迎的人。
Leckerer Kuchen steht bildlich für jemanden, der gefragt ist.

例:孙小姐去大学进修了两年,现在可是香饽饽了,每个办公室都争着要她。

Bsp.: Nachdem Fräulein Sun sich zwei Jahre an der Universität weitergebildet hat, ist sie sehr gefragt. Alle Büros schlagen sich um sie.

【小报告】 xiǎo bàogào
kleiner Bericht

私下向领导人说某位同事的坏话。
insgeheim beim Vorgesetzten schlecht über die Kollegen reden

例:董事长用奇怪的眼光看着林小姐,他实在不喜欢这样打小报告的人。

Bsp.: Der Generaldirektor sah Fräulein Lin erstaunt an. Er mag es überhaupt nicht, wenn hinter der Hand Kollegen angeschwärzt werden.

【小道消息】 xiǎo dào xiāoxi
Gerücht

没有确切根据的消息。
Informationen ohne exakte Anhaltspunkte

例:不知道林红哪儿来的那么多的小道消息,大家说林红是这个

Chinesische Redewendungen leicht gemacht

单位的新闻发布中心。

Bsp.: Ich weiß nicht, woher Lin Hong all diese Gerüchte hat. Alle sagen, sie ist das Pressezentrum unserer Firma.

【小动作】 xiǎo dòngzuò
billiger Trick

在背后做的不正当的活动。

nicht ganz rechtschaffene Aktivitäten hinter jemandes Rücken

例：我不相信张先生会做这样的事，他是有身份的人，不会在背后搞小动作的。

Bsp.: Ich glaube nicht, dass Herr Zhang so etwas machen würde. Er hat Würde und manipuliert nicht.

【小气】 xiǎoqì
geizig, knauserig

"气"也许是中文里最不好翻译的一个词儿。《汉语大词典》里有31条解释。"小气"是吝啬的意思，大概吝啬的人说话做事都是低声下气的。

"qi" ist wahrscheinlich das Wort, das sich am schwersten übersetzen lässt. Im "Großen Wörterbuch der chinesischen Sprache" finden sich 31 Einträge. "xiaoqi" bedeutet geizig, wahrscheinlich weil geizige Menschen sich kriecherisch verhalten.

例：王老太太气愤地说："我们楼上的那个王先生，'大奔'早就开上了，这次长江洪涝灾害，只捐了那么一点儿，真小气！"

Bsp.: Die alte Frau Wang sagte ungehalten: "Dieser Herr Wang über uns fährt schon immer einen Benz, aber für die Opfer des Yangzi-Hochwassers hatte er nur das bisschen übrig, was für ein Geiz-

hals."

【小圈子】　　xiǎo quānzi
geschlossener Personenkreis

小的集体或社交范围
Kleine Gruppe, begrenztes soziales Umfeld

例：儿子大了，有他自己的小圈子，跟大人的话也少了。
Bsp.：Unser Sohn wird erwachsen, er hat sein eigenes soziales Umfeld und spricht nicht mehr so viel mit den Eltern.

【小心眼儿】　　xiǎo xīnyǎnr
engherzig, kleinlich

心眼儿堵死了（死心眼儿）表示不灵活；心眼儿太小了表示容不下什么东西，容易生气、怀疑、嫉妒别人。
Ein "eingemauertes Herz" bedeutet unflexibel, unbelehrbar sein. Ein "kleines Herz" bedeutet kleinlich sein, schnell ärgerlich werden, andere verdächtigen, neidisch sein.

例：这孩子小心眼儿，不让妈妈跟别的孩子说话。
Bsp.：Das Kind ist wirklich engherzig, es lässt seine Mutter nicht mit anderen Kindern sprechen.

【笑面虎】　　xiào miàn hǔ
Wolf im Schafspelz

表面善良内心凶狠的人。
Nach außen gutmütig, aber im Inneren böse.

例：大家都提醒我在孙主任这个笑面虎面前说话一定要小心

Chinesische Redewendungen leicht gemacht

点儿。
- **Bsp.:** Alle haben mich gewarnt, vor Direktor Sun, dem Wolf im Schafspelz, auf meine Worte zu achten.

【小灶】 xiǎo zào
Sonderbehandlung

小灶当然是为少数人准备的,是为少数人准备的特殊服务。因此我们有"开小灶","吃小灶"的说法。

Auf kleinem Herd wird für eine kleine Gruppe ausgewählter Personen gekocht, das ist ein besonderer Service. So entstanden die Redewendungen "kai xiaozao" und "chi xiaozao".

例:李老师特别负责任,总是为成绩不好的学生开小灶,这样,她班里的学生没有太落后的。
- **Bsp.:** Frau Li ist eine sehr verantwortungsbewusste Lehrerin. Sie hält immer Sonderveranstaltungen für die Schüler mit nicht so guten Ergebnissen. So fällt keiner ihrer Schüler zu sehr zurück.

【心中的石头落了地】 xīn zhōng de shítou luò le dì
ein Stein fällt vom Herzen

表示放心了。
erleichtert sein

例:儿子在医院里昏迷了三天后,终于醒过来了,朱老头心中的石头终于落了地。
- **Bsp.:** Lao Zhus Sohn wachte nach drei Tagen im Koma schließlich auf. Da fiel Lao Zhu ein großer Stein vom Herzen.

Y

【眼中钉】　yǎn zhōng dīng
Dorn im Auge

心中最痛恨、最讨厌的人。
ein Mensch, der zutiefst verabscheut wird

例：孙小姐是刘小姐的眼中钉,因为孙小姐不论学历、能力还是风度都在刘小姐之上,她是刘小姐晋升的最主要的障碍。

Bsp.：Fräulein Sun ist Fräulein Liu ein Dorn im Auge, weil ihr Fräulein Sun nicht nur in Bezug auf Bildungsstand, Fähigkeiten und Auftreten überlegen ist, sondern auch ihrer Beförderung im Wege steht.

【摇钱树】　yáo qián shù
Goldesel

传说中能摇下金元宝来的树。比喻能借以获得钱财的人。
Der Legende nach ist es ein Baum, von dem Münzen fallen, wenn man ihn schüttelt. Übertragen bezeichnet das Wort jemanden, der eine Geldquelle ist.

例：女儿得了世界冠军以后,王家的日子好过多了,在父母的眼中,女儿不再是女儿,而是一棵摇钱树了。

Bsp.：Nachdem die Tochter Weltmeisterin geworden war, konnte sich Familie Wang ein schönes Leben machen. In den Augen der Eltern war die Tochter ein Goldesel.

Chinesische Redewendungen leicht gemacht

【一把手(第一把手)】 yì bǎ shǒu (dì yī bǎ shǒu)
Nummer eins

单位(公司)里的 number one.
derjenige mit der höchsten Position in einer Institution (Firma)

例：这几天公司里的一把手、二把手都不在，大家都上班迟到，下班都早走。

Bsp.: In den letzten Tagen waren der Chef und sein Stellvertreter nicht da, deshalb kamen alle zu spät und gingen früh nach Hause.

【一锤子买卖】 yì chuízi mǎimài
das schnelle Geschäft

一次性的交道，没有第二次。
eine einmalige Sache, es gibt keine zweite Chance

例：做生意要讲信誉，要有回头客，不能老做一锤子买卖。

Bsp.: Ansehen ist beim Geschäftemachen wichtig. Für langfristige Geschäftsbeziehungen bringen schnelle Geschäfte nichts.

【一言堂】 yì yán táng
das Sagen haben

一个人说了算，缺乏民主作风。
einer entscheidet, es gibt kein Mitspracherecht

例：这位局长搞一言堂，不让部下有发表言论的机会。

Bsp.: Der Abteilungsleiter hat immer das Sagen, er gibt seinen Untergebenen keine Chance ihre Meinung zu äußern.

【应声虫】 yìng shēng chóng
Jasager

有一种虫子,人说什么,它就答什么;人也一样,有这种随声附和的人。

Es gibt ein Insekt, das immer wiederholt, was man sagt. Menschen, die immer etwas nachbeten, gibt es auch.

例:大使对他下面的外交官说:"我希望你们有自己的观点,有自己的分析,不要做我的应声虫。"

Bsp.: Der Botschafter sagte zu den anderen Diplomaten: "Ich hoffe, Sie haben alle eigene Standpunkte und Einsichten und sind keine Jasager."

【找茬儿】 zhǎo chár
ein Haar in der Suppe suchen

故意找毛病。

mit Absicht nach Fehlern suchen

例:钱太太在单位工作不顺,一回家就跟丈夫和孩子找茬儿。

Bsp.: Weil ihre Arbeit in der Firma nicht so gut lief, suchte Frau Qian Streit mit Mann und Kindern als sie nach Hause kam.

【装蒜】 zhuāng suàn
sich dumm stellen, sich aufspielen

装糊涂或装腔作势。

Chinesische Redewendungen leicht gemacht

vorgeben, etwas nicht zu wissen

例：" 行了，起来吧，别装蒜了。"老孙踢了一下被他推倒在地的毛毛。

Bsp.: "Ist gut, steh auf. Tu nicht so." Lao Sun gab Maomao einen kleinen Tritt, nachdem er ihn zu Boden geworfen hatte.

【捉迷藏】　zhuō mícáng
Versteckspiel

一种儿童游戏：一个人蒙住眼睛，摸索着捉他身边来回躲藏的人。比喻说话、做事故意让人难以捉摸。

Ein Kinderspiel: einer hat die Augen verbunden und versucht die anderen zu finden, die sich verstecken. Wenn jemand absichtlich etwas verheimlicht oder ausweicht, dann spielt er auch Verstecken.

例：有话直说吧，不要跟我捉迷藏了。

Bsp.: Sag, was los ist und spiel nicht mit mir Verstecken.

【走过场】　zǒu guòchǎng
zum Schein

戏剧中角色从舞台一边上场，又从另一边下场。比喻走走形式，并不打算认真地去做。

Im Theater betritt der Schauspieler von einer Seite die Bühne und tritt von der anderen Seite wieder ab. In übertragenem Sinne bedeutet es, etwas nur pro forma zu tun, also nur so zu tun als ob.

例：单位里安排了不少的活动，都是走过场，摆个样子给别人看看。

Bsp.: Die Einheit hat viele Veranstaltungen organisiert, die meisten nur

zum Schein, um bei anderen Eindruck zu schinden.

【走弯路】 zǒu wān lù
Umwege machen

工作、学习等不讲究方法而多用了不少时间。
Bei der Arbeit oder im Studium mehr Zeit als nötig aufwenden, weil man sich nicht so richtig auskennt und unmethodisch vorgeht.

例：如果有高人指点指点，我也会少走很多弯路。
Bsp.：Mit Anleitung von einem Experten wäre es nicht so umständlich gewesen.

【钻空子】 zuān kòngzi
ein Schlupfloch finden

利用漏洞，为自己谋利。
Löcher im Gesetz oder in Verträgen im eigenen Interesse nutzen.

例：我们应该把计划定得更周密些，不要让人钻了空子。
Bsp.：Wir müssen den Plan noch gründlicher durchdenken, um anderen keine Schlupflöcher zu geben.

【钻牛角尖儿】 zuān niújiǎo jiānr
Haarspaltereien

费力去研究不值得研究或无法解决的问题。
sich unnötig mit unwichtigen oder unlösbaren Problemen abmühen

例：作为一个大公司的总经理，考虑问题应该站得高些，不要总是钻牛角尖儿。
Bsp.：Als Manager einer großen Firma sollte man Probleme mit

Chinesische Redewendungen leicht gemacht

Weitsicht behandeln und sich nicht in Haarspaltereien ergehen.

【坐冷板凳】 zuò lěng bǎndèng
auf das Abstellgleis geschoben sein

受到冷遇，不受重视。
kühl behandelt werden, nicht geschätzt werden

例：杰克想不到自己调到这个公司以后，竟然坐了冷板凳。
Bsp.: Jack hätte nie gedacht, dass man ihn nach seinem Wechsel in die Firma aufs Abstellgleis schieben würde.

Chinesische Grammatik leicht gemacht
ISBN: 978-3-905816-33-4

Chinesische Grammatik leicht gemacht richtet sich an Lerner der Grund- und Mittelstufe. Es kann als Nachschlagewerk oder als Lehrbuch verwendet werden. Strukturelle Besonderheiten des Chinesischen, mit denen Lerner immer wieder Schwierigkeiten haben, werden anhand von Beispielen und Schemata erklärt. In vielen Kapiteln finden sich Anmerkungen zu wichtigen Punkten und Tücken, häufig im Vergleich zum Deutschen oder anderen Sprachen.
Die Erklärungen zur Grammatik sind durchgehend zweisprachig Chinesisch-Deutsch. Bei allen Beispielsätzen wurde den Schriftzeichen die Pinyin-Transkription beigestellt.
Mit Übungen und dazugehörigem Lösungsschlüssel.

Chinesische Zähleinheitswörter leicht gemacht
ISBN: 978-3-905816-34-1

Die Vielzahl der chinesischen Zähleinheitswörter erschreckt Chinesischlernende schon bei der bloßen Erwähnung. In anderen Sprachen gibt es kaum Zähleinheitswörter, weshalb sie eine besondere Schwierigkeit beim Erlernen der chinesischen Sprache darstellen. Für deutschsprachige Chinesischlerner gab es bislang nur wenige Bücher über Zähleinheitswörter.
Chinesische Zähleinheitswörter leichtgemacht erleichtert das systematische Erlernen der Zähleinheitswörter und ihrer Verwendung. Insgesamt enthält das Buch 184 häufig verwendete Zähleinheitswörter.
Mit Übungen und dazugehörigem Lösungsschlüssel.

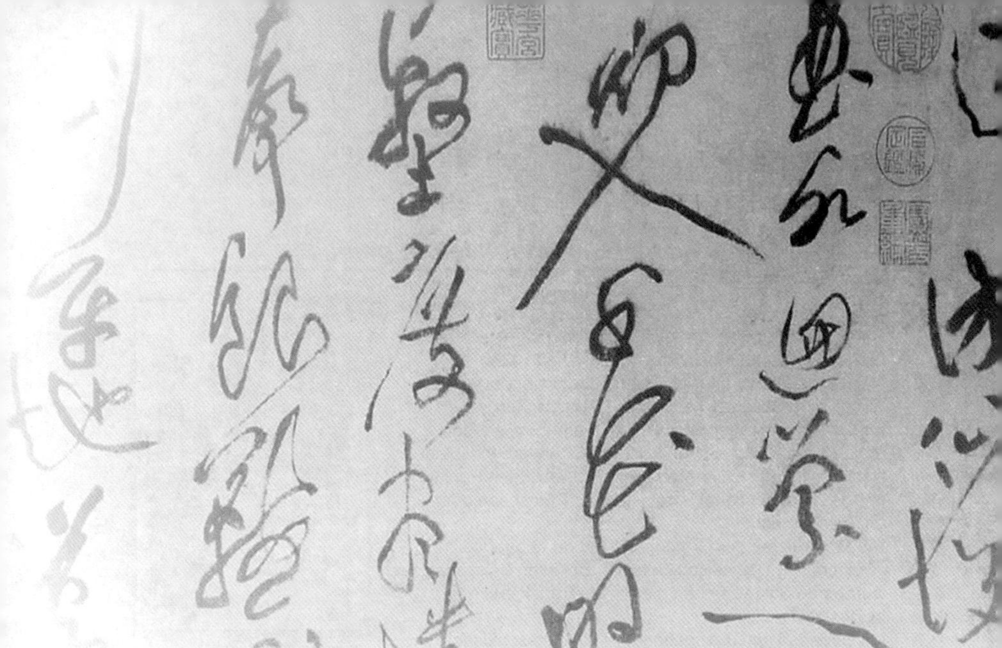

EINTAUCHEN IN EIN CHINESISCHES UNIVERSUM.

WWW.CHINABOOKS.CH

Lehrmittel der chinesischen Sprache, Chinesischsprachige Bücher, Lexika, Lernsoftware, Sprachcomputer, Bücher über China in europäischen Sprachen, Literatur, Comics, Kinderbücher, Reiseführer, TCM, Qigong, Hörbücher, chinesische Musik... Produkte, die nicht auf der Website angeboten werden, können auf Wunsch direkt aus China bestellt werden.

www.chinabooks.ch
Erchen Wu und Elisabeth Wolf (Geschäftsführer)
Haldenstrasse 43, 8045 Zürich
Tel.: 0041 (0)43 540 40 77
Natel.: 0041 (0)76 518 45 26
Natel.: 0041 (0)76 414 23 28
Email: bestellen@chinabooks.ch

Design by
www.miximage.net